Direito
Comercial Empresarial

TEORIA

1ª Edição – 2009

Dados Internacionais de Catalogação na Publicação (CIP)
(Câmara Brasileira do Livro, SP, Brasil)

Silva, Vander Brusso da
    Direito comercial empresarial : teoria / Vander
Brusso da Silva ; coordenador Gleibe Pretti. --
1. ed. -- São Paulo : Ícone, 2009.

    Bibliografia.
    ISBN 978-85-274-1066-3

    1. Direito comercial 2. Direito empresarial
I. Pretti, Gleibe. II. Título.

09-09476   CDU-347.72:338.93

Índices para catálogo sistemático:

1. Direito da empresa : Direito comercial
    347.72:338.93

VANDER BRUSSO DA SILVA

COORDENADOR
GLEIBE PRETTI

DIREITO
COMERCIAL EMPRESARIAL

TEORIA

1ª Edição – 2009

© Copyright 2009
Ícone Editora Ltda.

Projeto Gráfico de Capa e Diagramação
Richard Veiga

Revisão
Rosa Maria Cury Cardoso

Proibida a reprodução total ou parcial desta obra, de qualquer forma ou meio eletrônico, mecânico, inclusive através de processos xerográficos, sem permissão expressa do editor. (Lei nº 9.610/98)

Todos os direitos reservados para:
ÍCONE EDITORA LTDA.
Rua Anhanguera, 56 – Barra Funda
CEP: 01135-000 – São Paulo/SP
Fone/Fax.: (11) 3392-7771
www.iconeeditora.com.br
iconevendas@iconeeditora.com.br

APRESENTAÇÃO

Vander Brusso da Silva, advogado militante em direito empresarial e tributário, professor universitário, professor de curso preparatório para exame de ordem, mestre em educação, comunicação, administração em ênfase em Direito pela Universidade São Marcos, onde leciona Direito Empresarial e Direito Tributário.

Autor do livro de *Direito Comercial* pela Editora Barros e Fischer e autor do livro *Direito Tributário* pela Editora Pillares.

DEDICATÓRIAS

Primeiramente agradeço a Deus por ter permitido e me ajudado na elaboração deste trabalho. Agradeço também a minha querida família, especialmente minha mãe e meu pai que sempre apoiaram meus projetos. À minha irmã e meu irmão queridos.

SUMÁRIO

DIREITO COMERCIAL E EMPRESARIAL

TEORIA DE ATOS DE COMÉRCIO, 17
Teoria da Empresa, 16
Empresário, 16
Tipos de empresário, 18
Capacidade para ser empresário, 18
Principais obrigações do Empresário, 21

REGISTRO DE EMPRESA, 22
Órgãos de registro de Empresa, 22
Atos de Registro de Empresa, 22
Escrituração dos livros, 23
Espécies de livros, 23
Exibição e força probatória dos livros, 26
Estabelecimento Empresarial, 28
Natureza jurídica do Estabelecimento Empresarial, 28
Fundo de Comércio, 28
Trespasse e suas formalidades, 29
Responsabilidade Civil no contrato de trespasse, 31
Responsabilidade Tributária no trespasse, 32
Responsabilidade Trabalhista no trespasse, 32
Responsabilidade no trespasse e a nova lei de falências, 32
Não restabelecimento por parte do vendedor, 33
Ponto e locação empresarial, 34

Indenização do ponto, 36
Locação de Shopping Center, 36
Nome Empresarial, 37
Espécies de nomes, 37
Formação do nome empresarial, 39
Alienação do nome empresarial, 40
Uso exclusivo do nome empresarial, 40

PROPRIEDADE INDUSTRIAL, 41
Direito Industrial, 41
Instituto Nacional da Propriedade Industrial, 41
Bens da propriedade industrial, 42
Patente, 42
Invenção, 42
Requisitos para a concessão da patente, 43
Desimpedimento, 44
Vigência da Patente, 44
Registro, 45
Desenho Industrial, 45
Requisitos para o registro, 45
Desimpedimento, 45
Vigência do Registro do Desenho Industrial, 46
Extinção do Desenho Industrial, 46
Marca, 46
Requisitos para o registro, 46
Desimpedimento, 47
Vigência do registro, 49
Extinção do registro, 49

DIREITO SOCIETÁRIO, 49
Sociedades e o Código Civil, 49
Sociedades Não Personificadas, 50
Sociedades Personificadas, 50
Sociedade em Comum, Irregular ou de Fato, 51
Responsabilidade dos sócios, 52
Sociedade em Conta de Participação, 53

PATRIMÔNIO ESPECIAL, 54

FALÊNCIA DOS SÓCIOS, 55

SOCIEDADES PERSONIFICADAS, 55

SOCIEDADE SIMPLES, 56

REGISTRO DOS SEUS ATOS CONSTITUTIVOS, 57

RESPONSABILIDADE DOS SÓCIOS, 58

PRINCIPAIS DIREITOS E OBRIGAÇÕES DOS SÓCIOS, 58

ADMINISTRAÇÃO DA SOCIEDADE, 61

IMPEDIMENTOS PARA O CARGO DE ADMINISTRADOR, 62

ADMINISTRADOR NOMEADO EM ATO SEPARADO, 62

PODERES DA ADMINISTRAÇÃO, 63

TEORIA DA ULTRA VIRES, 63

RESPONSABILIDADE CIVIL DOS ADMINISTRADORES, 64

MANDATO DOS ADMINISTRADORES, 65

OBRIGAÇÕES DOS ADMINISTRADORES, 65

DISSOLUÇÃO DA SOCIEDADE, 66

SOCIEDADE EM NOME COLETIVO, 66

DA SOCIEDADE EM COMANDITA SIMPLES, 68

DISSOLUÇÃO DA SOCIEDADE, 69

SOCIEDADE LIMITADA, 69

CONCEITO, 69

CAPITAL SOCIAL, 70

RESPONSABILIDADE DOS SÓCIOS NA SOCIEDADE LIMITADA, 71

SÓCIO REMISSO, 71

TIPOS DE SÓCIOS, 72

CESSÃO DE QUOTAS, 72

ADMINISTRAÇÃO DA SOCIEDADE, 73

CESSAÇÃO DO CARGO DE ADMINISTRADOR, 75

USO DA FIRMA OU DENOMINAÇÃO SOCIAL, 75

TAREFAS DO ADMINISTRADOR, 76

CONSELHO FISCAL, 76

COMPETÊNCIA DO CONSELHO FISCAL, 77

DELIBERAÇÕES DOS SÓCIOS, 78

CONVOCAÇÃO DA REUNIÃO OU DA ASSEMBLEIA, 80

QUORUM DE INSTALAÇÃO DA ASSEMBLEIA, 80

QUORUM DE DELIBERAÇÃO DA ASSEMBLEIA, 81

TIPOS DE ASSEMBLEIA, 81

AUMENTO E DA REDUÇÃO DO CAPITAL, 82

DISSOLUÇÃO, 83

SOCIEDADE ANÔNIMA, 83

CONCEITO, 84

CAPITAL SOCIAL, 84

ACIONISTA REMISSO, 84

TIPOS DE SOCIEDADE ANÔNIMA, 85

COMISSÃO DE VALORES MOBILIÁRIOS, 85

MERCADO DE CAPITAIS, 85

BOLSA DE VALOR, 86

MERCADO DE BALCÃO, 86

MERCADO DE BALCÃO ORGANIZADO, 86

CONSTITUIÇÃO DA SOCIEDADE ANÔNIMA, 86

SUBSCRIÇÃO PÚBLICA, 87

SUBSCRIÇÃO PARTICULAR, 88

NOME EMPRESARIAL, 89

AÇÕES, 89

CLASSIFICAÇÃO DAS AÇÕES, 89

AÇÕES AO PORTADOR E ENDOSSÁVEIS, 90

PRINCIPAIS VALORES MOBILIÁRIOS, 90

ACIONISTA, 91

ACIONISTA CONTROLADOR, 93

RESPONSABILIDADE DO ACIONISTA CONTROLADOR, 94

DIVIDENDO, 95

ÓRGÃOS DA SOCIEDADE ANÔNIMA, 95

ASSEMBLEIA GERAL, 95

COMPETÊNCIA PARA CONVOCAÇÃO DA ASSEMBLEIA, 96

FORMALIDADES DA ASSEMBLEIA GERAL, 96

ESPÉCIES DE ASSEMBLEIA, 97

QUORUM DE INSTALAÇÃO, 98

QUORUM DE DELIBERAÇÃO, 98

DIRETORIA, 98

CONSELHO DE ADMINISTRAÇÃO, 98

ADMINISTRADORES, 99

DEVERES DOS ADMINISTRADORES, 99

RESPONSABILIDADES DOS ADMINISTRADORES, 99
CONSELHO FISCAL, 101
DEMONSTRAÇÕES FINANCEIRAS, 103

DISSOLUÇÃO, LIQUIDAÇÃO E EXTINÇÃO, 103

DISSOLUÇÃO, 103
LIQUIDAÇÃO, 104
EXTINÇÃO, 104
SOCIEDADE EM COMANDITA POR AÇÕES, 104
SOCIEDADES COLIGADAS, 105
SOCIEDADE CONTROLADA, 105
SOCIEDADE FILIADA, 106
SOCIEDADE DE SIMPLES PARTICIPAÇÃO, 106
SOCIEDADES AUTORIZADAS, 106

TÍTULOS DE CRÉDITO, 107

CONCEITO, 107
CARACTERÍSTICAS, 107
CLASSIFICAÇÃO, 108
CLASSIFICAÇÃO SEGUNDO O CÓDIGO CIVIL, 109
LETRA DE CÂMBIO, 109
ACEITE, 110
FALTA OU RECUSA DO ACEITE, 111
ENDOSSO, 111
AVAL, 112
TIPOS DE AVAL, 112
DIFERENÇA ENTRE AVAL E FIANÇA, 112
VENCIMENTO, 112
PAGAMENTO, 113
PROTESTO, 113
PROTESTO DISPENSÁVEL, 114
PARA PROTESTO, 114
PRESCRIÇÃO, 114
NOTA PROMISSÓRIA, 115
CONCEITO, 115
REQUISITOS, 115

LEGISLAÇÃO APLICÁVEL À NOTA PROMISSÓRIA, 116
PRESCRIÇÃO, 116
CHEQUE, 116
CONCEITO, 117
REQUISITOS, 117
ACEITE, 117
ENDOSSO, 118
AVAL, 119
MODALIDADES DE CHEQUE, 120
PRAZO PARA APRESENTAÇÃO DO CHEQUE, 121
SUSTAÇÃO DO CHEQUE, 122
PRESCRIÇÃO, 122
DUPLICATA, 122
CONCEITO, 122
REQUISITOS, 122
ACEITE, 123
TRIPLICATA, 124
ENDOSSO, 125
AVAL, 125
PRAZO PARA PROTESTO, 125
PRESCRIÇÃO, 126

CONTRATOS, 126
DISPOSIÇÃO GERAL, 126
REPRESENTAÇÃO COMERCIAL AUTÔNOMA, 126
ELEMENTOS DO CONTRATO DE REPRESENTAÇÃO, 127
PRINCIPAIS OBRIGAÇÕES DO REPRESENTANTE, 127
PRINCIPAIS OBRIGAÇÕES DO REPRESENTADO, 128
CONTRATO DE AGÊNCIA, 128
OBRIGAÇÃO DO AGENTE, 129
REMUNERAÇÃO DO AGENTE OU DISTRIBUIDOR, 129
INDENIZAÇÃO DO AGENTE OU DISTRIBUIDOR, 129
PRAZO DE DURAÇÃO DO CONTRATO, 130
CONTRATO DE DISTRIBUIÇÃO, 130
CONTRATO DE LEASING, 130
MODALIDADES, 131

Direito Comercial

PRÁTICA DO LEASING, 131
DURAÇÃO DO CONTRATO LEASING, 131

RECUPERAÇÃO JUDICIAL, FALÊNCIA E
RECUPERAÇÃO EXTRAJUDICIAL, 131
INTRODUÇÃO, 131
JUÍZO COMPETENTE, 132
EFEITOS DO PROCESSAMENTO DE RECUPERAÇÃO E DA QUEBRA, 132
VERIFICAÇÃO E HABILITAÇÃO DOS CRÉDITOS, 134
CREDORES RETARDATÁRIOS, 136

ADMINISTRADOR JUDICIAL E COMITÊ DE CREDORES, 136.
ADMINISTRADOR JUDICIAL, 136
RESPONSABILIDADE DO ADMINISTRADOR JUDICIAL, 139
COMITÊ DE CREDORES, 140

COMPETÊNCIA DO COMITÊ DE CREDORES, 140
COMPETE AO COMITÊ DE CREDORES:, 140
ASSEMBLEIA GERAL DE CREDORES, 141
FORMALIDADES DE CONVOCAÇÃO, 142
QUORUM DE INSTALAÇÃO, 142
COMPOSIÇÃO DA ASSEMBLEIA, 142
QUORUM DE DELIBERAÇÃO, 143
RECUPERAÇÃO JUDICIAL, 143
LEGITIMIDADE ATIVA, 143
REQUISITOS PARA A RECUPERAÇÃO, 143
CREDORES SUJEITOS A RECUPERAÇÃO, 144
MEIOS DE RECUPERAÇÃO, 145
DESPACHO DO PROCESSAMENTO DE RECUPERAÇÃO, 146
CONCESSÃO DA RECUPERAÇÃO, 150
RECURSO CONTRA A SENTENÇA CONCESSIVA DE RECUPERAÇÃO, 150
DESCUMPRIMENTO DA RECUPERAÇÃO, 150
ENCERRAMENTO DA RECUPERAÇÃO JUDICIAL, 151

FALÊNCIA, 152
CONCEITO, 152
SUJEITOS À FALÊNCIA, 152

Estado falimentar, 152
Juízo falimentar, 153
Legitimidade ativa, 154
Hipóteses em que a falência não será declarada, 154
Protesto, 155
Defesa do devedor impontual, 155
Depósito Elisivo, 155
Sentença Declaratória, 155
Sentença Denegatória, 157
Responsabilidade do Requerente, 158
Termo Legal de Falência , 158
Lacração do estabelecimento, 158
Revogação dos atos praticados pelo falido, 159
Ação Revocatória, 160
Restituição ou Embargos de Terceiros, 160
Verificação dos créditos, 160
Quadro Geral de Credores, 161
Liquidação, 162
Pagamento na falência, 163
Encerramento da falência, 164
Extinção das obrigações do falido, 164
Recuperação extrajudicial, 164
Requisitos, 165
Credores preservados na recuperação extrajudicial, 166

BIBLIOGRAFIA, 167

TEORIA DE ATOS DE COMÉRCIO

Segundo o Código Comercial de 1850, o Brasil adotava a Teoria de Atos de Comércio, a qual foi implantada pelo Regulamento n.º 737, daquele ano. Nessa época nascia a figura do comerciante, pois de acordo com a referida teoria era comerciante quem praticava atos de comércio. Atos de Comércio, por sua vez, representava a intermediação de bens móveis ou semoventes, sem prejuízo das operações cambiárias e das sociedades anônimas.

Dessa forma, considerava-se comerciante a pessoa física ou jurídica que circulava bens móveis ou semoventes. Por outro lado, não se considerava comerciante quem prestasse serviço, como era o caso das sociedades civis. Assim, com a promulgação do Código Comercial nasceu 2 (dois) tipos de sociedade:

a) sociedade mercantil – a pessoa jurídica que praticava atos de comércio;
b) sociedade civil – a pessoa jurídica prestadora de serviço.

Embora fossem sociedades com objetos diferentes não havia entre elas nenhuma diferença real, senão, como já comentado o objeto social. Imagine que dois irmãos resolvem montar um comércio de roupas, constituindo, assim, uma sociedade mercantil. Essa sociedade visará lucro e certamente terá colaboradores.

Imagine, agora, que 2 (dois) irmãos resolvem montar uma oficina mecânica, constituindo uma sociedade civil, ou seja uma prestadora de serviço. Certamente, também visará lucro e terá colaboradores.

O que estamos querendo dizer é que não existia uma diferença entre a sociedade mercantil e a sociedade civil, exceto quando adentrávamos o objeto social. No entanto, embora não fossem diferentes, não recebiam o mesmo tratamento da legislação.

O comerciante quando atravessava uma forte crise financeira podia se valer da antiga concordata ou até mesmo sofrer falência. Os prestadores de serviços, entretanto, não podiam se beneficiar da concordata e raramente sofriam falência, embora a jurisprudência já vinha caminhando nesse sentido.

Nota-se, desta forma, que entre comerciantes e prestadores de serviços havia uma diferença no que tange a aplicação da lei, vale dizer, o comerciante podia tudo, quer seja, concordata e falência, ao passo que o prestador de serviço nada podia.

Com esse tratamento diferenciado nasceu uma discussão entre o Direito Comercial e o Direito Civil. Os civilistas exigiam a extensão do benefício da concordata aos prestadores de serviços e a aplicação da falência em caso de insolvência da sociedade civil.

Essa discussão, teve início em 1850 e perdurou até os dias atuais em razão do novo Código Civil.

TEORIA DA EMPRESA

Com a promulgação do Código Civil de 2002, o Brasil passou a adotar a Teoria da Empresa, abandonando o Direito Francês e se filiando ao Direito Italiano, uma vez que essa teoria nasceu na Itália em 1942.

Com adoção da Teoria da Empresa, toda a primeira parte do Código Comercial fora revogada, desaparecendo, assim, a figura do comerciante e dos contratos mercantis. Todas essas matérias encontram-se atualmente reguladas pelo Código Civil.

Com a Teoria da Empresa desaparece a figura do comerciante e do prestador de serviço dando lugar ao empresário.

EMPRESÁRIO

O conceito de empresário encontra-se previsto no art. 966 do Código Civil que diz:

> *Art. 966. Considera-se empresário quem exerce profissionalmente atividade econômica organizada para a produção ou a circulação de bens ou de serviços.*

Portanto, segundo o Código Civil empresário, será uma pessoa que explorará uma atividade econômica de forma habitual e organizada para a produção ou a circulação de bens ou de serviços.

Do conceito de empresário podemos extrair as seguintes características:

I – não será empresário quem não exercer atividade profissional. Atividade profissional exige habitualidade, vale dizer, se um advogado resolver vender seu veículo particular a uma terceira pessoa certamente não será empresário, pois lhe falta habitualidade. Porém, se fizer do seu dia a dia a compra e venda de veículos certamente será empresário, uma vez que sua atividade passou a ser habitual.

II – a atividade do empresário deve ser econômica, uma vez que para o Direito Comercial não existem atos gratuitos. Assim, todo e qualquer empresário sempre visará lucro. Lembre-se, é da essência do Direito Comercial visar lucro. Atos gratuitos pertencem ao Direito Civil.

III – a atividade do empresário deverá ser organizada. Aqui reside o grande problema, pois a legislação não define o que seria uma atividade organizada, porém, podemos partir do pressuposto da industrialização para chegarmos a um conceito. Por isso é que o professor Fabio Ulhoa Coelho diz que organizar uma atividade é investir nos fatores de produção, quais sejam: capital, mão-de-obra, insumos e tecnologia.

IV – o empresário irá explorar uma atividade de produção, ou seja, será empresário o dono de uma indústria. Irá, ainda, explorar a circulação de bens ou de serviços. Vale dizer, será empresário quem circular bens ou quem prestar serviços. Assim, serão empresários os comerciantes e os prestadores de serviços.

Nota-se, que do conceito de empresário encontramos a figura do produtor, do comerciante e do prestador de serviços. Não há aparentemente uma diferenciação entre eles. Todos são empresários e como tal devem receber o mesmo tratamento.

TIPOS DE EMPRESÁRIO

No Brasil existem 2 (dois) tipos de empresário:

I – empresário pessoa física – é o empresário individual, vale dizer, aquele que explora a empresa em nome próprio, sozinho. II – empresário pessoa jurídica – é a própria sociedade empresária, ou seja, quando 2 (duas) ou mais pessoas se unem para explorar a empresa.

Importante ressaltar, que quando 2 (duas) ou mais pessoas resolvem constituir uma sociedade empresária, o empresário é a própria sociedade e não os seus membros. Vale dizer, os membros da sociedade são chamados de sócios, investidores ou colabores, mais jamais empresários.

No Brasil, precisamos começar a separar a pessoa do empresário da pessoa do sócio. Para que uma pessoa seja empresária ela deverá constituir uma firma individual, caso contrário, será sócio de uma sociedade empresária.

O grande problema é que no Brasil usamos a palavra empresário como sinônimo de sócio, gerando uma verdadeira confusão intelectual. Empresário, como já comentado é a sociedade e não os seus membros. Seus membros são chamados de sócios.

CAPACIDADE PARA SER EMPRESÁRIO

Segundo o art. 972 do Código Civil para ser empresário a pessoa deve ser capaz e não ser legalmente impedida. Assim, para ser empresário a pessoa deverá ter, a princípio, 18 (dezoito) anos completos e não ser legalmente impedida. Imagine um juiz de direito. Ele é capaz, mas não poderá ser empresário, pois sua atividade é incompatível com a atividade empresarial. Veja o que diz o art. 972 do CC:

> *Art. 972. Podem exercer a atividade de empresário os que estiverem em pleno gozo da capacidade civil e não forem legalmente impedidos.*

Direito Comercial

Assim, não podem ser empresários:

a) Servidores públicos;
b) Militares da ativa;
c) Magistrados e cônsules;
d) Médicos, em farmácias, drogarias ou laboratórios farmacêuticos;
e) Falidos, enquanto não reabilitados;
f) Estrangeiros não residentes no país;
g) Leiloeiros.

Nada impede, por outro lado, que pessoas legalmente impedidas sejam sócias investidoras de sociedades empresárias ou de sociedades simples.

Com relação ao incapaz diz o Código Civil que ele poderá continuar a empresa exercida por enquanto capaz ou recebida em sucessão, mediante autorização do juiz e desde que devidamente representado ou assistido.

Neste caso, o juiz irá examinar os riscos da empresa, bem como a conveniência de continuá-la, podendo a autorização ser revogada pelo juiz, depois de ouvidos os pais, tutores ou representantes do menor ou do interdito.

Como já comentado, a autorização do incapaz poderá ser revogada a qualquer momento pelo juiz, mas não poderá resultar em prejuízo aos direitos adquiridos de terceiros, sob pena de responsabilidade pessoal.

Com relação aos bens que o incapaz já possuía não se confundem com os bens da empresa, desde que estranhos ao acervo daquela, devendo tais fatos constar do alvará que conceder a autorização.

> *Art. 974. Poderá o incapaz, por meio de representante ou devidamente assistido, continuar a empresa antes exercida por ele enquanto capaz, por seus pais ou pelo autor de herança.*
>
> *§ 1º Nos casos deste artigo, precederá autorização judicial, após exame das circunstâncias e dos riscos da*

empresa, bem como da conveniência em continuá-la, podendo a autorização ser revogada pelo juiz, ouvidos os pais, tutores ou representantes legais do menor ou do interdito, sem prejuízo dos direitos adquiridos por terceiros.

§ 2º Não ficam sujeitos ao resultado da empresa os bens que o incapaz já possuía, ao tempo da sucessão ou da interdição, desde que estranhos ao acervo daquela, devendo tais fatos constar do alvará que conceder a autorização.

Caso o representante ou o assistente do incapaz sejam pessoas legalmente impedidas será nomeado um gerente, com a aprovação do juiz. Também será nomeado um gerente sempre que o juiz achar conveniente. Seja como for a aprovação do gerente pelo juiz não exime o representante ou assistente do menor ou do interdito da responsabilidade pelos atos dos gerentes nomeados.

Como podemos perceber, para ser empresário a pessoa tem que ser capaz e não ser legalmente impedida. O menor emancipado também poderá ser empresário ou até mesmo o incapaz, desde que autorizado pelo juiz. Assim, tanto a emancipação, quanto a autorização devem ser averbadas na Junta Comercial do Estado. Nesse sentido, caminho o Código Civil em seus arts. 975 e 976:

Art. 975. Se o representante ou assistente do incapaz for pessoa que, por disposição de lei, não puder exercer atividade de empresário, nomeará, com a aprovação do juiz, um ou mais gerentes.

§ 1º Do mesmo modo será nomeado gerente em todos os casos em que o juiz entender ser conveniente.

Direito Comercial

§ 2º A aprovação do juiz não exime o representante ou assistente do menor ou do interdito da responsabilidade pelos atos dos gerentes nomeados.

Art. 976. A prova da emancipação e da autorização do incapaz, nos casos do art. 974, e a de eventual revogação desta, serão inscritas ou averbadas no Registro Público de Empresas Mercantis.

Parágrafo único. O uso da nova firma caberá, conforme o caso, ao gerente; ou ao representante do incapaz; ou a este, quando puder ser autorizado.

PRINCIPAIS OBRIGAÇÕES DO EMPRESÁRIO

São 3 (três) as principais obrigações do empresário:

a) Registrar seus atos constitutivos;
b) Manter a regularidade dos livros;
c) Fazer demonstrações financeiras.

Assim, o empresário antes de iniciar suas atividades deverá registrar seu contrato social na Junta Comercial do Estado, no prazo de 30 (trinta) dias contados da data da sua assinatura.

Se o contrato for enviado à Junta Comercial nesse prazo, ele começará a produzir efeitos a partir da assinatura, ainda que o registro demore para ser feito. Porém, se o contrato for enviado após o prazo de 30 (trinta) dias, somente produzirá efeitos a partir do registro do documento e não da assinatura.

Caso o empresário não registre seu contrato social na Junta Comercial ele será considerado uma sociedade em comum, ou seja, a antiga sociedade irregular e neste caso os sócios responderão ilimitadamente e solidariamente pelas obrigações sociais.

Ademais, é obrigação do empresário adotar os livros e fazer as demonstrações financeiras, ou seja, os levantamentos contábeis periódicos, que irão variar de acordo com o tipo sociedade.

O descumprimento dessas obrigações acarreta a responsabilização pessoal dos sócios e impede a empresa de participar de concorrências públicas, de entrar em recuperação judicial, de contrair empréstimos e etc.

REGISTRO DE EMPRESA

ÓRGÃOS DE REGISTRO DE EMPRESA

De acordo com a Lei 8.934/94, a qual dispõe sobre o Registro Público de Empresas Mercantis e Atividades Afins, estabelece que o registro de empresa é composto pelo Departamento Nacional de Registro do Comércio (DNRC) e pela Junta Comercial.

O DNRC é um órgão normatizador. Ele baixa instruções normativas para as Juntas Comerciais. Isso significa dizer que nenhum empresário terá seus atos levados a este departamento. Ele não desempenha função executiva.

A Junta Comercial, ao contrário do DNRC, possui função executiva. Em cada Estado haverá uma Junta Comercial, com sede na capital e jurisdição na área da circunscrição territorial. Ela será subordinada administrativamente ao governo do Estado e tecnicamente, ao DNRC.

ATOS DE REGISTRO DE EMPRESA

De acordo com o art. 32 da Lei 8.934/94, são 3 (três) os atos de registro de empresa:

a) Matrícula e seu cancelamento – corresponde aos leiloeiros, tradutores públicos e intérpretes comerciais, trapicheiros e administradores de armazéns-gerais;

b) Arquivamento – diz respeito aos atos de constituição, alteração e dissolução dos empresários, cooperativas, firmas individuais;

c) Autenticação – está relacionada com os instrumento de escrituração, dentre eles os livros, fichas, balanços, demonstrações financeiras etc.

Direito Comercial

ESCRITURAÇÃO DOS LIVROS

O empresário e a sociedade empresária deverão adotar os seus livros obrigatórios e escriturá-los segundo as técnicas contábeis em vigor. Veja o que diz o art. 1.179 do CC:

> *Art. 1.179. O empresário e a sociedade empresária são obrigados a seguir um sistema de contabilidade, mecanizado ou não, com base na escrituração uniforme de seus livros, em correspondência com a documentação respectiva, e a levantar anualmente o balanço patrimonial e o de resultado econômico.*
>
> *§ 1º Salvo o disposto no art. 1.180, o número e a espécie de livros ficam a critério dos interessados.*
>
> *§ 2º É dispensado das exigências deste artigo o pequeno empresário a que se refere o art. 970.*

ESPÉCIES DE LIVROS

Os livros contábeis classificam-se como obrigatórios e facultativos. Obrigatório – é subdividido em comum e especial.

O livro obrigatório comum é livro Diário. Ele é comum, pois todos os empresários devem adotá-lo, salvo os microempresários e os empresários de pequeno porte optantes pelo Simples Nacional, conforme art. 1.180 do CC:

> *Art. 1.180. Além dos demais livros exigidos por lei, é indispensável o Diário, que pode ser substituído por fichas no caso de escrituração mecanizada ou eletrônica.*
>
> *Parágrafo único. A adoção de fichas não dispensa o uso de livro apropriado para o lançamento do balanço patrimonial e do de resultado econômico.*

A escrituração do livro Diário deve ser feita em idioma e moeda corrente nacionais e em forma contábil, em ordem cronológica de dia, mês e ano, sem intervalos em branco, entrelinhas, borrões, rasuras ou transportes às margens, podendo-se utilizar de códigos de números ou abreviaturas que constem de livro próprio, conforme art. 1.183, também do CC:

> **Art. 1.183. A escrituração será feita em idioma e moeda corrente nacionais e em forma contábil, por ordem cronológica de dia, mês e ano, sem intervalos em branco, nem entrelinhas, borrões, rasuras, emendas ou transportes para as margens.**
>
> **Parágrafo único. É permitido o uso de código de números ou de abreviaturas, que constem de livro próprio, regularmente autenticado.**

No livro serão lançadas, com individuação, clareza e caracterização do documento respectivo, dia a dia, por escrita direta ou reprodução, todas as operações relativas ao exercício da empresa. Vale dizer, no livro Diário serão lançadas as operações diárias do empresário e da sociedade empresária.

A escrituração do livro Diário poderá ser ainda resumida, com totais que não excedam o período de 30 (trinta) dias e serão lançados neste livro o balanço patrimonial e o de resultado econômico, devendo ambos serem assinados por um contador, tudo conforme art. 1.184 e seguintes do CC:

> **Art. 1.184. No Diário serão lançadas, com individuação, clareza e caracterização do documento respectivo, dia a dia, por escrita direta ou reprodução, todas as operações relativas ao exercício da empresa.**
>
> **§ 1º Admite-se a escrituração resumida do Diário, com totais que não excedam o período de trinta dias,**

relativamente a contas cujas operações sejam numerosas ou realizadas fora da sede do estabelecimento, desde que utilizados livros auxiliares regularmente autenticados, para registro individualizado, e conservados os documentos que permitam a sua perfeita verificação.

§ 2º Serão lançados no Diário o balanço patrimonial e o de resultado econômico, devendo ambos ser assinados por técnico em Ciências Contábeis legalmente habilitado e pelo empresário ou sociedade empresária.

Por fim, o empresário e a sociedade empresária poderão adotar o sistema de fichas de lançamentos com a finalidade de substituir o livro Diário pelo livro de Balancetes Diários e Balanços, conforme art. 1.185 do CC.

O livro Balancetes Diários e Balanços será escriturado de modo que registre:

I - a posição diária de cada uma das contas ou títulos contábeis, pelo respectivo saldo, em forma de balancetes diários;
II - o balanço patrimonial e o de resultado econômico, no encerramento do exercício.

Os livros obrigatórios especiais, por sua vez, são:

a) Registro de duplicatas (art. 19 da Lei 5.474/68);
b) Registro de Ações (art. 100 da Lei 6.404/76);
c) Registro de Atas de Assembleia e de Conselho Fiscal (arts. 1.075, §1º e 1.069 do Código Civil).

Já os livros facultativos, também conhecidos como livros auxiliares são:

a) Caixa;
b) Conta Corrente.

Por outro lado, se o empresário for de micro ou de pequeno porte optante pelo Super Simples terá como livros obrigatórios:

a) Caixa;
b) Registro de Inventário.

EXIBIÇÃO E FORÇA PROBATÓRIA DOS LIVROS

Os livros do empresário são protegidos por sigilo, vale dizer, não podem ser apresentados a qualquer pessoa, mas tão-somente àquelas autorizadas por lei, como é o caso de uma ordem judicial, de uma fiscalização tributária etc. Nessa esteira caminha o Código Civil:

> *Art. 1.190. Ressalvados os casos previstos em lei, nenhuma autoridade, juiz ou tribunal, sob qualquer pretexto, poderá fazer ou ordenar diligência para verificar se o empresário ou a sociedade empresária observam, ou não, em seus livros e fichas, as formalidades prescritas em lei.*

> *Art. 1.191. O juiz só poderá autorizar a exibição integral dos livros e papéis de escrituração quando necessária para resolver questões relativas a sucessão, comunhão ou sociedade, administração ou gestão à conta de outrem, ou em caso de falência.*

> *§ 1º O juiz ou tribunal que conhecer de medida cautelar ou de ação pode, a requerimento ou de ofício, ordenar que os livros de qualquer das partes, ou de ambas, sejam examinados na presença do empresário ou da sociedade empresária a que pertencerem, ou de pessoas por estes nomeadas, para deles se extrair o que interessar à questão.*

> *§ 2º Achando-se os livros em outra jurisdição, nela se fará o exame, perante o respectivo juiz.*

Art. 1.192. Recusada a apresentação dos livros, nos casos do artigo antecedente, serão apreendidos judicialmente e, no do seu § 1º, ter-se-á como verdadeiro o alegado pela parte contrária para se provar pelos livros.

Parágrafo único. A confissão resultante da recusa pode ser elidida por prova documental em contrário.

Com relação a Fazenda Pública não poderá o empresário recusar a apresentar os seus livros, uma vez que o sigilo não poderá ser oposto. É o que diz os art. 1.193 do CC e 195 do CTN, a saber:

Art. 1.193. As restrições estabelecidas neste Capítulo ao exame da escrituração, em parte ou por inteiro, não se aplicam às autoridades fazendárias, no exercício da fiscalização do pagamento de impostos, nos termos estritos das respectivas leis especiais.

Art. 195 – CTN -. Para os efeitos da legislação tributária, não têm aplicação quaisquer disposições legais excludentes ou limitativas do direito de examinar mercadorias, livros, arquivos, documentos, papéis e efeitos comerciais ou fiscais dos comerciantes, industriais ou produtores, ou da obrigação destes de exibi-los.

Por fim, os livros do empresário e da sociedade empresária devem ser guardados pelo prazo prescricional, o qual via de regra será de 5 (cinco) anos. Assim, passado este prazo poderá o empresário e a sociedade empresária destruir seus livros e demais documentos fiscais e contábeis.

Art. 1.194. O empresário e a sociedade empresária são obrigados a conservar em boa guarda toda a escrituração, correspondência e mais papéis concernentes à sua atividade, enquanto não ocorrer prescrição ou decadência no tocante aos atos neles consignados.

Estabelecimento Empresarial

Estabelecimento empresarial é a reunião dos bens corpóreos e incorpóreos organizados pelo empresário ou pela sociedade empresária, nos termos do art. 1.142 do CC, que diz:

> *Art. 1.142. Considera-se estabelecimento todo complexo de bens organizado, para exercício da empresa, por empresário, ou por sociedade empresária.*

O estabelecimento empresarial não deve ser confundido com a empresa. O conceito de empresa sempre foi alvo de discussão na doutrina, uma vez que a referida palavra apresenta vários significados, ou seja, a palavra empresa apresenta um significado econômico e outro jurídico.

Com relação ao significado econômico podemos conceituar empresa como o conjunto de bens. Já para o Direito Comercial, hoje Empresarial, a empresa, segundo Tulio Ascarelli, empresa seria a atividade econômica organizada.

Natureza Jurídica do Estabelecimento Empresarial

São 9 (nove) teorias que tentam explicar a natureza jurídica do estabelecimento empresarial. Das 9 (nove) teorias temos em sentido comum:

a) Ele é uma coisa móvel;
b) Uma universalidade de fato;
c) Integra o patrimônio do empresário.

Fundo de Comércio

Segundo o professor Fabio Ulhoa Coelho, fundo de comércio, também conhecido como fundo de empresa é um sobrevalor agregado ao estabelecimento empresarial, ou seja, um plus.

Imagine a seguinte situação. Imagine uma padaria com 50 (cinquenta) anos de mercado e uma outra padaria com 1 (um) mês de mercado. Ambas são idênticas. Possuem os mesmos equipamentos, os mesmos bens móveis e as mesmas instalações.

Quando da venda, qual dessas padarias valerão mais: I – a que possui 50 (cinquenta) anos de mercado; II – a que possui 1 (um) mês. Na verdade, valerá mais a padaria que possui 50 (cinquenta) anos de mercado, pois ela tem o fundo de comércio, coisa que a padaria com 1 (um) mês não o tem.

O fundo de comércio está intimamente ligado à clientela. Ele quando é gerado pelo estabelecimento empresarial chega a atribuir um sobrevalor a este estabelecimento. Assim, embora o estabelecimento empresarial possua, por exemplo, R$ 100.000,00 (cem mil reais) de bens corpóreos, poderá ser vendido por R$ 1.000.000,00 (um milhão de reais), ou seja, o fundo de comércio está influenciando no valor do estabelecimento empresarial.

O empresário negocia seu estabelecimento empresarial conforme o seu faturamento que está ligado à clientela. Esse faturamento mensal e essa influência da clientela são chamados de fundo de comércio, acarretando um verdadeiro sobrevalor ao estabelecimento empresarial.

TRESPASSE E SUAS FORMALIDADES

O estabelecimento empresarial pode ser negociado pelo empresário, ou seja, ele poderá ser vendido.

A venda do estabelecimento empresarial denomina-se trespasse, também conhecida pela expressão passe o ponto. Lembre-se, somente será trespasse se for vendido o conjunto de bens corpóreos e incorpóreos, se caracterizando como uma venda de porteira fechada.

Ainda com relação à venda o Código Civil criou algumas formalidades. Veja, quando falamos em trespasse para o novo Código Civil temos que nos preocuparmos com os credores. A venda de estabelecimento empresarial está autorizada, desde que não fraude credores.

Dessa forma diz o nCC que se o empresário deixar bens para garantir os credores poderá vender seu estabelecimento empresarial. Se, por outro lado, não deixar bens, deverá antes de efetuar a venda pedir autorização para todos os credores, os quais possuem o prazo de 30 (trinta) dias para autorizar. Essa autorização pode ser expressa ou tácita.

Ademais, se o empresário não deixar bens e não quiser pedir autorização deverá pagar todos os credores. Somente após o pagamento é que estará autorizado a efetuar a venda.

Se, no entanto, o empresário não deixar bens para garantir os credores, não pagá-los e nem lhes pedir autorização e fazer o trespasse, o credor que se sentir prejudicado poderá pedir a falência do empresário e a venda será considerada ineficaz.

Lembre-se, a venda não será nula, nem tampouco anulável. A venda será ineficaz perante a massa falida. Vale dizer, os bens voltam para a massa falida e caso o comprador do estabelecimento empresarial seja um terceiro de boa-fé terá direito de pedir a restituição do valor pago. Veja o que diz o CC:

> *Art. 1.144. O contrato que tenha por objeto a alienação, o usufruto ou arrendamento do estabelecimento, só produzirá efeitos quanto a terceiros depois de averbado à margem da inscrição do empresário, ou da sociedade empresária, no Registro Público de Empresas Mercantis, e de publicado na imprensa oficial.*

> *Art. 1.145. Se ao alienante não restarem bens suficientes para solver o seu passivo, a eficácia da alienação do estabelecimento depende do pagamento de todos os credores, ou do consentimento destes, de modo expresso ou tácito, em trinta dias a partir de sua notificação.*

Direito Comercial

Responsabilidade Civil no contrato de trespasse

Antes do Código Civil de 2002, quem adquiria um estabelecimento empresarial não assumia passivo. Ele comprava apenas o ativo, salvo se no contrato de trespasse houvesse uma cláusula de responsabilidade onde o comprador se comprometia a assumir o passivo.

Não se sujeitavam, por outro lado, a esta cláusula as dívidas trabalhistas e tributárias, pois por força de lei sempre se sub-rogaram na pessoa dos adquirentes de estabelecimento empresarial.

Com a promulgação do Código Civil de 2002, o comprador de estabelecimento empresarial passou a assumir o passivo civil, desde que contabilizado. O vendedor, por sua vez, ficará responsável solidário pelo prazo de 1 (um) ano, contado da seguinte forma:

a) Dívidas vencidas – da averbação do trespasse na Junta Comercial do Estado;

b) Dívidas vincendas – do vencimento.

É isso que diz o art. 1.146 do Código Civil, quando diz que o comprador assume o passivo civil. Lembre-se, todavia, que o comprador não assume todo o passivo. Ele assume apenas o passivo contabilizado. Dessa forma, se o vendedor com a intenção de prejudicar o comprador deixar de contabilizar parte do passivo, este não assumirá e os credores deverão cobrar as dívidas do vendedor e não do comprador. Nessa linha caminha o referido artigo:

> *Art. 1.146. O adquirente do estabelecimento responde pelo pagamento dos débitos anteriores à transferência, desde que regularmente contabilizados, continuando o devedor primitivo solidariamente obrigado pelo prazo de um ano, a partir, quanto aos créditos vencidos, da publicação, e, quanto aos outros, da data do vencimento.*

Responsabilidade Tributária no Trespasse

Diz o art. 133 do Código Tributário Nacional que a pessoa que adquirir um estabelecimento empresarial ou um fundo de comércio e prosseguir na mesma atividade, sob a mesma razão social ou não, responderá:

a) Integralmente, se o vendedor cessar a atividade;
b) Subsidiariamente, se o vendedor prosseguir na atividade ou iniciar outra no mesmo ramo ou não, dentro de 6 (seis) meses.

Nota-se, que do aludido artigo o comprador de estabelecimento empresarial assumirá o passivo tributário de forma integral ou subsidiária, não sendo influenciado pelo contrato de trespasse. Vale dizer, ainda que o contrato de trespasse diga que o comprador não assume o passivo tributário, ele será responsável, pois o contrato particular de trespasse não pode ser oposto a Fazenda Pública para alterar o sujeito passivo, conforme art. 123 do CTN.

Este contrato não tem validade perante o Direito Tributário, mas produzirá efeitos no Direito Civil. Assim, se o comprador vier a ser responsabilizado por dívidas tributárias do vendedor deverá pagá-las, mas poderá regressar contra o ele para reaver o prejuízo sofrido.

Responsabilidade Trabalhista no Trespasse

Segundo a Consolidação das Leis Trabalhistas (CLT), o trespasse não rompe o contrato de trabalho. Dessa forma, de acordo com o art. 448 do referido diploma legal os empregados poderão reclamar contra o comprador do estabelecimento empresarial ou contra o vendedor, uma vez que há entre eles uma responsabilidade solidária.

Responsabilidade no Trespasse e a Nova Lei de Falências

Como visto acima, o comprador de um estabelecimento empresarial deverá tomar muito cuidado ao adquirir uma empresa, uma vez que assumirá o passivo civil, tributário e trabalhista.

Tantas responsabilidades acabam dificultando o trespasse. Na prática, alguns empresários equivocadamente preferem constituir novas empresas do que adquirirem um estabelecimento empresarial, na tentativa de fugir das responsabilidades. Isso é uma ilusão, pois se o empresário adquirir o fundo de comércio do vendedor a sucessão estará caracterizada e ele será responsável pelo passivo.

Em vista desse receio em adquirir um estabelecimento empresarial em 2005 veio a nova Lei de Falências (11.101), que mudou radicalmente esse entendimento.

Segundo o art. 141 da citada lei, quem adquirir uma empresa falida através de um leilão, pregão ou carta de melhor proposta, ou adquirir uma filial ou uma unidade isolada produtiva em sede de recuperação judicial não será sucessor civil, tributário ou trabalhista, salvo se o comprador tinha alguma relação com o vendedor ou se a venda teve a intenção de fraudar credores.

Dessa forma, a pessoa que adquirir uma empresa falida após 2005 não assumirá o passivo civil, tributário ou trabalhista. Ela estará adquirindo uma empresa livre e desembaraçada de qualquer ônus. Até mesmo as dívidas trabalhistas não se sub-rogarão na pessoa do adquirente. Assim, novos contratos de trabalhos poderão ser firmados e os salários poderão ser inferiores ao antigo. Não há limites.

A ideia da nova lei de falência é a de estimular a compra e venda de estabelecimento empresarial, fazendo com que as empresas sejam preservadas e com isso atendam sua função social.

Não restabelecimento por parte do vendedor

Segundo o Código Civil, o vendedor de estabelecimento empresarial não poderá, salvo autorização expressa do comprador, fazer concorrência com ele pelo prazo de 5 anos, contados da data da alienação do referido estabelecimento. É isso que diz o art. 1.147 do nCC:

> *Art. 1.147. Não havendo autorização expressa, o alienante do estabelecimento não pode fazer concorrência ao adquirente, nos cinco anos subsequentes à transferência.*

Parágrafo único. No caso de arrendamento ou usufruto do estabelecimento, a proibição prevista neste artigo persistirá durante o prazo do contrato.

Na prática é muito comum estabelecerem no contrato de trespasse que o vendedor não poderá fazer concorrência com o comprador pelo prazo X e num raio de X metros. Veja, que na prática estabelecemos uma metragem para impedir a concorrência entre vendedor e comprador.

O Código Civil, no entanto, não estipulou uma metragem. Limitou-se, apenas, em estipular o aspecto temporal. Vale dizer, o vendedor não poderá fazer concorrência com o comprador pelo prazo de 5 (cinco) anos.

Entendemos, porém, que se no contrato de trespasse estiver estipulado uma metragem esta cláusula terá validade, uma vez que o Código Civil diz, salvo autorização do comprador. Essa autorização abre margem a inserção de uma cláusula restritiva a uma determinada zona territorial.

PONTO E LOCAÇÃO EMPRESARIAL

Considera-se ponto o local onde o empresário e a sociedade empresária exercem sua empresa. O ponto é muito importante para o empresário. Tanto o é que antes de se estabelecer ele faz uma pesquisa de mercado para saber se naquele local sua atividade seria ou não relevante.

A exemplo do que falamos podemos visualizar a seguinte situação. Imaginem que nós gostaríamos de constituir um banco. Qual seria o ponto ideal? Aqui em São Paulo temos a Av. Paulista, a qual é conhecida como centro financeiro do país. Assim, o ideal seria constituir nossa empresa neste endereço.

O ponto é tão importante para o empresário e para a sociedade empresária que ele acaba ganhando proteção. É verdade, o ponto ora é protegido pela Lei de Locação (8.245/91), ora é protegido pelo direito de propriedade, garantido pela Constituição Federal.

Direito Comercial

Falamos que o ponto é protegido por lei, uma vez que esta garante ao empresário locatário o direito de ingressar com a ação renovatória de aluguel, a qual obrigará o locador a renovar a locação.

Para que o empresário locatário tenha direito a ação renovatória ele deverá preencher os requisitos previstos no art. 51 da Lei de Locação que diz:

> *Nas locações de imóveis destinados ao comércio, o locatário terá direito a renovação do contrato, por igual prazo, desde que, cumulativamente:*
> *I – o contrato a renovar tenha sido celebrado por escrito e com prazo determinado;*
> *II – o prazo mínimo do contrato a renovar ou a soma dos prazos ininterruptos dos contratos escritos seja de cinco anos;*
> *III – o locatário esteja explorando seu comércio, no mesmo ramo, pelo prazo mínimo e ininterrupto de três anos.*

Para que o empresário tenha direito a ação renovatória ele deverá ainda:

I – oferecer um novo aluguel;
II – ter cumprido fielmente a locação anterior.
III – propor ação renovatória no prazo – no último ano do contrato, nos 6 (seis) primeiros meses.

Como se pode perceber o objetivo da ação renovatória é obrigar o locador a renovar compulsoriamente a locação, ainda que contra a sua vontade. Entretanto, a ação renovatória não poderá ser julgada procedente quando esta contrariar o direito de propriedade consagrado pela Constituição Federal. Assim, por exemplo, se o locador exigir o imóvel para uso próprio, o juiz não poderá julgar procedente a ação renovatória, ainda que o empresário locatário tenha preenchido todos os requisitos da lei. É o que nós chamamos de exceção de retomada:

I – por determinação do Poder Público, tiver que realizar no imóvel obras que importem na sua radical transformação; ou para fazer modificações de tal natureza que aumente o valor do negócio ou da propriedade;

II – o imóvel vier a ser utilizado por ele próprio ou para transferência de fundo de comércio existente há mais de um ano, sendo detentor da maioria do capital o locador, seu cônjuge, ascendente ou descendente.

Indenização do ponto

Não caberá indenização ao locatário empresário a qualquer momento ou em qualquer situação. O locador deverá pagar indenização ao locatário apenas em razão da exceção de retomada. A indenização deve abarcar os danos emergentes de mora e os lucros cessantes, conforme art. 52, §3º da Lei de Locação.

Locação de Shopping Center

Durante muitos anos se discutiu na doutrina a natureza jurídica do contrato de locação. Para alguns doutrinadores, como Orlando Gomes, consideram esse contrato um contrato atípico misto.

Maria Helena Diniz, diz que o contrato de Shopping Center não é um contrato de locação. Rubens Requião, por sua vez, diz que não se trata de um contrato atípico misto, mas a conjugação de vários contratos, dentre eles o de locação.

Fabio Ulhoa Coelho, considera o contrato entre lojista e dono de Shopping Center um contrato de locação sim, porém com certas particularidades. Ficamos aqui com esta posição. O contrato de Shopping Center é um contrato de locação sim, no entanto, com algumas características, dentre elas a *Re Sperata*, o 13º salário aluguel e as despesas com a associação.

Nome Empresarial

Segundo o Código Civil nome empresarial é a expressão pela qual o empresário é conhecido no mercado.

O nome empresarial não deve ser confundido com a marca, uma vez que esta representa um sinal de identificação dos produtos ou serviços da empresa perante os consumidores. Veja o que diz o art. 1.155 do CC:

> *Art. 1.155. Considera-se nome empresarial a firma ou a denominação adotada, de conformidade com este Capítulo, para o exercício de empresa.*
>
> *Parágrafo único. Equipara-se ao nome empresarial, para os efeitos da proteção da lei, a denominação das sociedades simples, associações e fundações.*

Espécies de nomes

Existem 3 (três) espécies de nomes empresariais:

a) Firma – corresponde ao nome do empresário individual;
b) Firma social – corresponde ao nome da pessoa jurídica, ou seja, da sociedade, composto pelo nome dos sócios;
c) Denominação – é constituída pelo nome fantasia acrescido da atividade.

O nome firma poderá ser por extenso ou abreviado. Assim, um empresário individual poderá adotar seu nome completo ou abreviado e se quiser poderá designar uma forma mais precisa da sua pessoa ou do gênero de sua atividade, conforme art. 1.156 do CC:

> *Art. 1.156. O empresário opera sob firma constituída por seu nome, completo ou abreviado, aditando-lhe,*

se quiser, designação mais precisa da sua pessoa ou do gênero de atividade.

A sociedade que possuir sócios de responsabilidade ilimitada deverá adotar o nome firma. Deverão constar do nome somente os sócios de responsabilidade ilimitada, podendo ser aditados pela expressão "companhia" ou sua abreviatura.

Já a sociedade limitada poderá adotar firma ou denominação acrescida da expressão "limitada" ou sua abreviatura, conforme art. 1.158 do CC:

> *Art. 1.158. Pode a sociedade limitada adotar firma ou denominação, integradas pela palavra final "limitada" ou a sua abreviatura.*
>
> *§ 1º A firma será composta com o nome de um ou mais sócios, desde que pessoas físicas, de modo indicativo da relação social.*
>
> *§ 2º A denominação deve designar o objeto da sociedade, sendo permitido nela figurar o nome de um ou mais sócios.*

A omissão da palavra "limitada" acarreta a responsabilidade solidária e ilimitada dos administradores que assim empregarem a firma ou a denominação da sociedade.

A sociedade anônima, por sua vez, adotará sempre o nome empresarial denominação. Nessa mesma linha temos a sociedade em cooperativa, a qual também funcionará sob o nome denominação, integrada pela expressão "cooperativa", conforme arts. 1.159 e 1.160 do CC:

> *Art. 1.159. A sociedade cooperativa funciona sob denominação integrada pelo vocábulo "cooperativa".*

*Art. 1.160. A sociedade anônima opera sob denomi-
nação designativa do objeto social, integrada pelas
expressões "sociedade anônima" ou "companhia", por
extenso ou abreviadamente.*

*Parágrafo único. Pode constar da denominação o nome
do fundador, acionista, ou pessoa que haja concorrido
para o bom êxito da formação da empresa.*

A sociedade em comandita por ações pode adotar firma ou
denominação, aditada da expressão "comandita por ações".

*Art. 1.161. A sociedade em comandita por ações pode,
em lugar de firma, adotar denominação designativa
do objeto social, aditada da expressão "comandita
por ações".*

Já a sociedade em conta de participação não adota nome empresarial, ou seja, a conta de participação não adota firma, nem
tampouco denominação.

*Art. 1.162. A sociedade em conta de participação não
pode ter firma ou denominação.*

FORMAÇÃO DO NOME EMPRESARIAL

O nome empresarial deve atender a dois princípios:

a) Novidade – o nome empresarial deve ser novo, ou seja, não
pode colidir com outro já existente;

*Art. 1.163. O nome de empresário deve distinguir-se
de qualquer outro já inscrito no mesmo registro.
Parágrafo único. Se o empresário tiver nome idêntico
ao de outros já inscritos, deverá acrescentar designação
que o distinga.*

b) Veracidade – pelo princípio da veracidade o nome empresarial deve corresponder ao nome do empresário ou dos sócios. Por essa razão, o nome do sócio que vier a falecer deve ser excluído da firma social.

Art. 1.165. O nome de sócio que vier a falecer, for excluído ou se retirar, não pode ser conservado na firma social.

ALIENAÇÃO DO NOME EMPRESARIAL

Ao contrário do que pensa a grande maioria das pessoas o nome empresarial não pode ser objeto de alienação, conforme art. 1.164 do CC:

> *Art. 1.164. O nome empresarial não pode ser objeto de alienação.*
>
> *Parágrafo único. O adquirente de estabelecimento, por ato entre vivos, pode, se o contrato o permitir, usar o nome do alienante, precedido do seu próprio, com a qualificação de sucessor.*

USO EXCLUSIVO DO NOME EMPRESARIAL

Quando um empresário registra seu contrato social na Junta Comercial e passa a adotar um nome empresarial, a referida Junta assegura a esse empresário o direito de usar o nome em caráter exclusivo. Vale dizer, ninguém mais poderá adotar o mesmo nome empresarial já adotado, pois lhe faltaria o princípio da novidade.

A exclusividade, por sua vez, não é ilimitada. A Junta Comercial garante a exclusividade do nome apenas em sua jurisdição. Assim, se um empresário registrou seu contrato social na Junta Comercial de São Paulo terá exclusividade apenas neste Estado. Assim, nada impede que no Rio de Janeiro um outro empresário adote nome igual.

Se o empresário quiser uma proteção maior poderá atrelar o nome empresarial a uma marca e registrá-lo junto ao Instituto Nacional de Propriedade Industrial. Nesse caso, o INPI, garantirá ao empresário a exclusividade do nome empresarial em todo o território nacional, conforme art. 1.166 do CC:

> **Art. 1.166. A inscrição do empresário, ou dos atos constitutivos das pessoas jurídicas, ou as respectivas averbações, no registro próprio, asseguram o uso exclusivo do nome nos limites do respectivo Estado.**
>
> **Parágrafo único. O uso previsto neste artigo estender-se-á a todo o território nacional, se registrado na forma da lei especial.**

PROPRIEDADE INDUSTRIAL

Direito Industrial

O direito de propriedade encontra-se previsto na Lei de Propriedade Industrial (LPI – Lei .279/96) e pela Constituição Federal em seu art. 5º, XXIX, que diz:

> **A lei assegurará aos autores de inventos industriais privilégio temporário para sua utilização, bem como proteção às criações industriais, à propriedade das marcas, aos nomes de empresas e a outros signos distintivos, tendo em vista o interesse social e o desenvolvimento tecnológico e econômico do país.**

Instituto Nacional da Propriedade Industrial

O Instituto Nacional da Propriedade Industrial (INPI), é uma autarquia federal sediada no Rio de Janeiro. É o órgão encarregado de aplicar as leis atinentes a proteção industrial, processando e examinado os pedidos e concessões de registros e patentes.

BENS DA PROPRIEDADE INDUSTRIAL

São bens da propriedade industrial: a invenção, o modelo de utilidade, o desenho industrial e a marca, conforme art. 2º da LPI, que diz:

> *Art. 2º A proteção dos direitos relativos à propriedade industrial, considerado o seu interesse social e o desenvolvimento tecnológico e econômico do País, efetua-se mediante:*
> *I - concessão de patentes de invenção e de modelo de utilidade;*
> *II - concessão de registro de desenho industrial;*
> *III - concessão de registro de marca;*
> *IV - repressão às falsas indicações geográficas; e*
> *V - repressão à concorrência desleal.*

Segundo a LPI, os bens da propriedade industrial são considerados bens móveis, conforme art. 5º:

> *Art. 5º Consideram-se bens móveis, para os efeitos legais, os direitos de propriedade industrial.*

PATENTE

É o documento que garante ao autor o direito de propriedade industrial sobre uma invenção ou um modelo de utilidade, conforme art. 7º da LPI.

INVENÇÃO

É uma criação de coisa nova, ou seja, não compreendida no "estado da técnica", suscetível de aplicação industrial.

Já o modelo de utilidade consiste num objeto de uso prático ou parte deste, suscetível de aplicação industrial, desde que apresente nova forma ou disposição, por um ato inventivo, que resulte em melhoria funcional em seu uso ou em sua fabricação (LPI, art. 9º):

> **Art. 9º É patenteável como modelo de utilidade o objeto de uso prático, ou parte deste, suscetível de aplicação industrial, que apresente nova forma ou disposição, envolvendo ato inventivo, que resulte em melhoria funcional no seu uso ou em sua fabricação.**

Não serão considerados invenção ou modelo de utilidade (LPI, art. 10):

I - descobertas, teorias científicas e métodos matemáticos;

II - concepções puramente abstratas;

III - esquemas, planos, princípios ou métodos comerciais, contábeis, financeiros, educativos, publicitários, de sorteio e de fiscalização;

IV - as obras literárias, arquitetônicas, artísticas e científicas ou qualquer criação estética;

V - programas de computador em si;

VI - apresentação de informações;

VII - regras de jogo;

VIII - técnicas e métodos operatórios ou cirúrgicos, bem como métodos terapêuticos ou de diagnóstico, para aplicação no corpo humano ou animal; e

IX - o todo ou parte de seres vivos naturais e materiais biológicos encontrados na natureza, ou ainda que dela isolados, inclusive o genoma ou germoplasma de qualquer ser vivo natural e os processos biológicos naturais.

Requisitos para a concessão da patente

a) Novidade – será novo quando não compreendido no estado da técnica (LPI, art. 11);

Para Facilitar o Direito

b) Atividade inventiva – sempre que para um especialista no assunto não decorra de maneira evidente (LPI, art. 13);
c) Industriabilidade – deve ser passível de industrialização (LPI, art. 15).

DESIMPEDIMENTO

Além dos requisitos acima mencionados, a patente somente será concedida se não houver impedimento da lei. Veja o que diz o art. 18 da LPI:

Art. 18. Não são patenteáveis:
I - o que for contrário à moral, aos bons costumes e à segurança, à ordem e à saúde públicas;
II - as substâncias, matérias, misturas, elementos ou produtos de qualquer espécie, bem como a modificação de suas propriedades físico-químicas e os respectivos processos de obtenção ou modificação, quando resultantes de transformação do núcleo atômico; e
III - o todo ou parte dos seres vivos, exceto os microorganismos transgênicos que atendam aos três requisitos de patenteabilidade - novidade, atividade inventiva e aplicação industrial - previstos no art. 8º e que não sejam mera descoberta.
Parágrafo único. Para os fins desta Lei, micro-organismos transgênicos são organismos, exceto o todo ou parte de plantas ou de animais, que expressem, mediante intervenção humana direta em sua composição genética, uma característica normalmente não alcançável pela espécie em condições naturais.

VIGÊNCIA DA PATENTE

A patente de invenção terá validade de 20 anos, e a de modelo de utilidade, de 15 anos, contados da data do depósito, não podendo

Direito Comercial

o prazo de vigência ser inferior, respectivamente, a 10 anos e a 7 anos, a contar da concessão.

REGISTRO

Registro é o documento que assegura ao autor o direito de propriedade sobre um desenho industrial ou marca.

DESENHO INDUSTRIAL

Considera-se desenho industrial a forma plástica ornamental de um objeto ou o conjunto ornamental de linhas e cores que possa ser aplicado a um produto, proporcionando resultado visual novo e original na sua configuração externa e que possa servir de tipo de fabricação industrial (LPI, art. 95).

REQUISITOS PARA O REGISTRO

a) Novidade - o desenho industrial é considerado novo quando não compreendido no estado da técnica (LPI, art. 96);

b) Originalidade - o desenho industrial é considerado original quando dele resulte uma configuração visual distintiva, em relação a outros objetos anteriores (LPI, art. 97).

DESIMPEDIMENTO

Não basta ser um desenho industrial e preencher os requisitos acima, torna-se necessário, ainda, verificar os impedimentos da lei para o seu registro. Assim, é registrável como desenho industrial:

I - o que for contrário à moral e aos bons costumes ou que ofenda a honra ou imagem de pessoas, ou atente contra liberdade de consciência, crença, culto religioso ou ideia e sentimentos dignos de respeito e veneração;

Para Facilitar o Direito

II - a forma necessária comum ou vulgar do objeto ou, ainda, aquela determinada essencialmente por considerações técnicas ou funcionais.

VIGÊNCIA DO REGISTRO DO DESENHO INDUSTRIAL

A vigência do registro do desenho industrial será de 10 anos, contados da data do depósito perante o INPI, prorrogável por 3 períodos sucessivos de 5 anos cada.

EXTINÇÃO DO DESENHO INDUSTRIAL

O registro se extingue (LPI, art. 119):
I - pela expiração do prazo de vigência;
II - pela renúncia de seu titular, ressalvado o direito de terceiros;
III - pela falta de pagamento da retribuição prevista nos arts. 108 e 120; ou
IV - pela inobservância do disposto no art. 217.

MARCA

Marca é o sinal distintivo de um produto ou de um serviço (LPI, arts. 122 e 123). A marca poderá ser ainda:

a) Certificação – é utilizada para atestar a conformidade de um produto ou de um serviço (LPI, art. 123, II);
b) Coletiva – é usada para identificar produtos ou serviços advindo de uma determinada comunidade (LPI, art. 123, III).

REQUISITOS PARA O REGISTRO

a) Novidade relativa – a novidade aqui não precisa ser absoluta;
b) Não colidência com marca notória.

46

Direito Comercial

Desimpedimento

Além de preencher os referidos requisitos só será registrada a marca se não for legalmente impedida. Veja os referidos impedimentos, conforme art. 124, da LPI:

I - brasão, armas, medalha, bandeira, emblema, distintivo e monumento oficiais, públicos, nacionais, estrangeiros ou internacionais, bem como a respectiva designação, figura ou imitação;

II - letra, algarismo e data, isoladamente, salvo quando revestidos de suficiente forma distintiva;

III - expressão, figura, desenho ou qualquer outro sinal contrário à moral e aos bons costumes ou que ofenda a honra ou imagem de pessoas ou atente contra liberdade de consciência, crença, culto religioso ou ideia e sentimento dignos de respeito e veneração;

IV - designação ou sigla de entidade ou órgão público, quando não requerido o registro pela própria entidade ou órgão público;

V - reprodução ou imitação de elemento característico ou diferenciador de título de estabelecimento ou nome de empresa de terceiros, suscetível de causar confusão ou associação com estes sinais distintivos;

VI - sinal de caráter genérico, necessário, comum, vulgar ou simplesmente descritivo, quando tiver relação com o produto ou serviço a distinguir, ou aquele empregado comumente para designar uma característica do produto ou serviço, quanto à natureza, nacionalidade, peso, valor, qualidade e época de produção ou de prestação do serviço, salvo quando revestidos de suficiente forma distintiva;

VII - sinal ou expressão empregada apenas como meio de propaganda;

VIII - cores e suas denominações, salvo se dispostas ou combinadas de modo peculiar e distintivo;

IX - indicação geográfica, sua imitação suscetível de causar confusão ou sinal que possa falsamente induzir indicação geográfica;

X - sinal que induza a falsa indicação quanto à origem, procedência, natureza, qualidade ou utilidade do produto ou serviço a que a marca se destina;

XI - reprodução ou imitação de cunho oficial, regularmente adotada para garantia de padrão de qualquer gênero ou natureza;

XII - reprodução ou imitação de sinal que tenha sido registrado como marca coletiva ou de certificação por terceiro, observado o disposto no art. 154;

XIII - nome, prêmio ou símbolo de evento esportivo, artístico, cultural, social, político, econômico ou técnico, oficial ou oficialmente reconhecido, bem como a imitação suscetível de criar confusão, salvo quando autorizados pela autoridade competente ou entidade promotora do evento;

XIV - reprodução ou imitação de título, apólice, moeda e cédula da União, dos Estados, do Distrito Federal, dos Territórios, dos Municípios, ou de país;

XV - nome civil ou sua assinatura, nome de família ou patronímico e imagem de terceiros, salvo com consentimento do titular, herdeiros ou sucessores;

XVI - pseudônimo ou apelido notoriamente conhecidos, nome artístico singular ou coletivo, salvo com consentimento do titular, herdeiros ou sucessores;

XVII - obra literária, artística ou científica, assim como os títulos que estejam protegidos pelo direito autoral e sejam suscetíveis de causar confusão ou associação, salvo com consentimento do autor ou titular;

XVIII - termo técnico usado na indústria, na ciência e na arte, que tenha relação com o produto ou serviço a distinguir;

XIX - reprodução ou imitação, no todo ou em parte, ainda que com acréscimo de marca alheia registrada, para distinguir ou certificar produto ou serviço idêntico, semelhante ou afim, suscetível de causar confusão ou associação com marca alheia;

XX - dualidade de marcas de um só titular para o mesmo produto ou serviço, salvo quando no caso de marcas de mesma natureza, se revestirem de suficiente forma distintiva;

XXI - a forma necessária, comum ou vulgar do produto ou de acondicionamento, ou, ainda, aquela que não possa ser dissociada de efeito técnico;

XXII - objeto que estiver protegido por registro de desenho industrial de terceiro; e

XXIII - sinal que imite ou reproduza, no todo ou em parte, marca que o requerente evidentemente não poderia desconhecer em razão de sua atividade, cujo titular seja sediado ou domiciliado em território nacional ou em país com o qual o Brasil mantenha acordo ou que assegure reciprocidade de tratamento, se a marca se destinar a distinguir produto ou serviço idêntico, semelhante ou afim, suscetível de causar confusão ou associação com aquela marca alheia.

VIGÊNCIA DO REGISTRO

A validade do registro da marca será de 10 (dez) anos, contados da data da concessão do registro, prorrogável por períodos iguais e sucessivos. A marca permite ainda a prorrogação do registro por prazo indeterminado.

EXTINÇÃO DO REGISTRO

a) Não prorrogação do registro;
b) Renúncia;
c) Extinção da pessoa jurídica titular da marca coletiva ou de certificação;
d) Concessão de registro em desacordo com a LPI;
e) Caducidade;
f) Inobservância do art. 217.

DIREITO SOCIETÁRIO

SOCIEDADES E O CÓDIGO CIVIL

Sociedade será sempre a união de 2 (duas) ou mais pessoas com o mesmo objetivo, ou seja, explorar uma atividade e partilhar entre si o resultado dessa exploração.

A formação da sociedade decorre do *affectio societatis,* ou seja, da vontade dos sócios em constituir uma sociedade. Veja o que diz o art. 981 do CC:

> **Art. 981. Celebram contrato de sociedade as pessoas que reciprocamente se obrigam a contribuir, com bens ou serviços, para o exercício de atividade econômica e a partilha, entre si, dos resultados.**
>
> **Parágrafo único. A atividade pode restringir-se à realização de um ou mais negócios determinados.**

O Código Civil divide o Direito Societário da seguinte forma:

a) De um lado sociedades não personificadas;
b) Do outro lado sociedades personificadas.

Sociedades Não Personificadas

De acordo com o Código Civil são 2 (duas) as sociedades não personificadas:

a) Sociedade em Comum;
b) Sociedade em Conta de Participação.

Sociedades Personificadas

Segundo o Código Civil são também 2 (duas) as sociedades personificadas:

a) Sociedade Simples;
b) Sociedade Empresária.

Direito Comercial

SOCIEDADES NÃO PERSONIFICADAS

Sociedade em Comum, Irregular ou de Fato

Para Fran Martins, sociedade de fato era a sociedade não registrada e sociedade irregular, aquela que, embora tenha registro deixou no decorrer da sua vida social suas obrigações. Já para Carvalho de Mendonça, sociedade irregular é aquela que não cumpre com todas as formalidades legais para sua constituição e sociedade de fato seria a sociedade nula de pleno direito.

Por fim, temos a posição de Waldemar Ferreira que considera a sociedade de fato aquela contratada oralmente e irregular a que possui contrato escrito, porém não registrado.

Seja como for, a sociedade em comum é a sucessora da sociedade irregular ou de fato. Dessa forma, quando uma sociedade não tiver registro dos seus atos constitutivos será considerada uma sociedade em comum. Também será considerada em comum quando não possuir contrato ou quando for nula de pleno direito.

Nota-se que o Código Civil simplesmente achou por bem alterar o nome da sociedade irregular ou de fato para sociedade em comum. Ela não representa um novo tipo societário. É simplesmente sucessora. Veja o que diz o CC:

> _Art. 986. Enquanto não inscritos os atos constitutivos, reger-se-á a sociedade, exceto por ações em organização, pelo disposto neste Capítulo, observadas, subsidiariamente e no que com ele forem compatíveis, as normas da sociedade simples._

A existência da sociedade em comum é comprovada por terceiros por qualquer meio de prova admitida em direito e entre os sócios somente por escrito, conforme art. 987 do CC:

Art. 987. Os sócios, nas relações entre si ou com terceiros, somente por escrito podem provar a existência da sociedade, mas os terceiros podem prová-la de qualquer modo.

Os bens e dívidas sociais da sociedade em comum constituem um patrimônio especial. Neste caso os sócios são titulares em comum. Os bens sociais respondem pelos atos de gestão dos sócios, seja ele administrador ou não, salvo pacto limitativo de poderes, o qual somente terá eficácia contra terceiro que o conheça ou deva conhecer.

Art. 988. Os bens e dívidas sociais constituem patrimônio especial, do qual os sócios são titulares em comum.

Art. 989. Os bens sociais respondem pelos atos de gestão praticados por qualquer dos sócios, salvo pacto expresso limitativo de poderes, que somente terá eficácia contra o terceiro que o conheça ou deva conhecer.

Responsabilidade dos sócios

Na sociedade em comum, os sócios respondem ilimitadamente e solidariamente pelas obrigações sociais, excluído do benefício de ordem aquele que contratou em nome da sociedade.

Na sociedade em comum, os sócios responderão ilimitadamente e solidariamente entre si pelas obrigações sociais e perante terceiros responderão subsidiariamente, exceto o sócio contratante que responderá diretamente. É o que diz o art. 990 do CC:

Art. 990. Todos os sócios respondem solidária e ilimitadamente pelas obrigações sociais, excluído do benefício de ordem, previsto no art. 1.024, aquele que contratou pela sociedade.

Por fim, lembre-se que a sociedade em comum:

a) Não entra em recuperação;
b) Sofre falência;
c) Não pode pedir a falência do outro empresário;
d) Não contrato com o Poder Público.

SOCIEDADE EM CONTA DE PARTICIPAÇÃO

Alguns doutrinadores não o caráter de sociedade para a conta de participação. Na verdade, a doutrina considera a conta de participação um contrato de investimento. No entanto, o Código Civil de 2002, achou por bem atribuir a conta de participação a condição de sociedade, embora não personificada.

A conta de participação é a sociedade que possui 2 (dois) tipos de sócios:

a) Ostensivo – administrador, cuja responsabilidade é ilimitada;
b) Participante – investidor, cuja responsabilidade é limitada.

Nessa esteira caminha o CC:

> *Art. 991. Na sociedade em conta de participação, a atividade constitutiva do objeto social é exercida unicamente pelo sócio ostensivo, em seu nome individual e sob sua própria e exclusiva responsabilidade, participando os demais dos resultados correspondentes.*
>
> *Parágrafo único. Obriga-se perante terceiro tão-somente o sócio ostensivo; e, exclusivamente perante este, o sócio participante, nos termos do contrato social.*

Assim como a sociedade em comum, a existência de uma sociedade em conta de participação se dá por qualquer meio de prova admitido em direito.

Lembre-se, entretanto, que a conta de participação é uma sociedade não personificada, ou seja, não possui registro dos seus atos constitutivos nem na Junta Comercial, nem no Cartório Civil de Pessoas Jurídicas.

Por outro lado, o Código Civil não impede que seu contrato social seja registrado. Ele diz apenas que o eventual registro do seu documento de constituição não confere a ela personalidade jurídica.

> *Art. 992. A constituição da sociedade em conta de participação independe de qualquer formalidade e pode provar-se por todos os meios de direito.*

> *Art. 993. O contrato social produz efeito somente entre os sócios, e a eventual inscrição de seu instrumento em qualquer registro não confere personalidade jurídica à sociedade.*

> *Parágrafo único. Sem prejuízo do direito de fiscalizar a gestão dos negócios sociais, o sócio participante não pode tomar parte nas relações do sócio ostensivo com terceiros, sob pena de responder solidariamente com este pelas obrigações em que intervier.*

PATRIMÔNIO ESPECIAL

A contribuição do sócio participante constitui, com a do sócio ostensivo um patrimônio especial, objeto da conta de participação relativa aos negócios sociais. A especialização desse patrimônio somente produz efeitos em relação aos sócios.

> *Art. 994. A contribuição do sócio participante constitui, com a do sócio ostensivo, patrimônio especial, objeto da conta de participação relativa aos negócios sociais.*

§ 1º A especialização patrimonial somente produz efeitos em relação aos sócios.

Falência dos sócios

A falência do sócio ostensivo acarreta a dissolução da sociedade e a liquidação da respectiva conta, cujo o saldo será considerado crédito quirografário. Lembre-se que credor quirografário é o último credor a receber no processo falimentar, uma vez que não apresenta nenhum privilégio ou garantia.

Já a falência do sócio participante não acarretará a dissolução da sociedade, uma vez que seu contrato social ficará sujeito aos efeitos dos contratos bilaterais no processo falimentar.

§ 2º A falência do sócio ostensivo acarreta a dissolução da sociedade e a liquidação da respectiva conta, cujo saldo constituirá crédito quirografário.
§ 3º Falindo o sócio participante, o contrato social fica sujeito às normas que regulam os efeitos da falência nos contratos bilaterais do falido.

Salvo estipulação em contrário, o sócio ostensivo não pode admitir novo sócio sem o consentimento expresso dos demais.

Por fim, aplica-se à sociedade em conta de participação, subsidiariamente e no que com ela for compatível, o disposto para a sociedade simples, e a sua liquidação rege-se pelas normas relativas à prestação de contas, na forma da lei processual.

Sociedades Personificadas

Vimos como sociedades não personificadas a sociedade em comum e a conta de participação, uma vez que não apresentam registro dos seus atos constitutivos, nem na Junta Comercial, nem no Cartório Civil de Pessoas Jurídicas.

O Código Civil, divide, ainda, o Direito Societário em sociedades personificadas, quais sejam a sociedade simples e a sociedade empresária.

A sociedade empresária é a sociedade que exerce uma atividade econômica, organizada para a produção, circulação de bens ou de serviços, conforme art. 966 do CC e pode ser uma sociedade limitada. Será sempre empresária, por sua vez, a sociedade anônima, independentemente do objeto social.

Sociedade Simples

Sociedade simples é a sociedade que exerce uma atividade econômica ou não, porém não organizada, devendo registrar seus atos constitutivos no Cartório Civil de Pessoas Jurídicas.

A sociedade simples é a sociedade que explora atividade de natureza intelectual, artística, científica ou literária, ainda que tenha colaboradores, salvo se constituir elemento de empresa. Portanto, será sociedade simples uma sociedade de médicos, de dentistas, engenheiros, advogados etc., pois exploram atividades não organizadas.

Essa sociedade não está sujeita a nova Lei de Falências. Vale dizer, a sociedade simples não poderá entrar em Recuperação Judicial ou sofrer Falência.

Esse tipo de sociedade será constituído mediante contrato por escrito, particular ou público, devendo conter além das cláusulas livremente pactuadas entre os sócios:

I - nome, nacionalidade, estado civil, profissão e residência dos sócios, se pessoas naturais, e a firma ou a denominação, nacionalidade e sede dos sócios, se jurídicas;

II - denominação, objeto, sede e prazo da sociedade;

III - capital da sociedade, expresso em moeda corrente, podendo compreender qualquer espécie de bens, suscetíveis de avaliação pecuniária;

IV - a quota de cada sócio no capital social, e o modo de realizá-la;

V - as prestações a que se obriga o sócio, cuja contribuição consista em serviços;
VI - as pessoas naturais incumbidas da administração da sociedade, e seus poderes e atribuições;
VII - a participação de cada sócio nos lucros e nas perdas;
VIII - se os sócios respondem, ou não, subsidiariamente, pelas obrigações sociais (CC, art. 997).

REGISTRO DOS SEUS ATOS CONSTITUTIVOS

Como já comentado a sociedade simples é uma sociedade personificada, uma vez que possui registro dos seus atos constitutivos no Cartório Civil de Pessoas Jurídicas da Comarca da sua sede.

O contrato social deve ser registrado no prazo de 30 (trinta) dias contados da data da assinatura do documento, devendo ser instruído com os documentos obrigatórios, conforme art. 998 do CC:

> *Art. 998. Nos trinta dias subsequentes à sua constituição, a sociedade deverá requerer a inscrição do contrato social no Registro Civil das Pessoas Jurídicas do local de sua sede.*
> *§ 1º O pedido de inscrição será acompanhado do instrumento autenticado do contrato, e, se algum sócio nele houver sido representado por procurador, o da respectiva procuração, bem como, se for o caso, da prova de autorização da autoridade competente.*
>
> *§ 2º Com todas as indicações enumeradas no artigo antecedente, será a inscrição tomada por termo no livro de registro próprio, e obedecerá a número de ordem contínua para todas as sociedades inscritas.*

Futuras alterações contratuais que tenham por objeto as matérias indicadas no art. 997 do CC, dependem do consentimento de todos os sócios, sendo que as demais poderão ser decididas por maioria absoluta de votos, se o contrato não exigir quorum diferenciado.

Art. 999. As modificações do contrato social, que tenham por objeto matéria indicada no art. 997, dependem do consentimento de todos os sócios; as demais podem ser decididas por maioria absoluta de votos, se o contrato não determinar a necessidade de deliberação unânime.

Parágrafo único. Qualquer modificação do contrato social será averbada, cumprindo-se as formalidades previstas no artigo antecedente.

RESPONSABILIDADE DOS SÓCIOS

Na sociedade simples, via de regra, a responsabilidade dos sócios será subsidiária. Vale dizer, os credores deverão primeiro cobrar as dívidas da sociedade. No caso de insuficiência do patrimônio social poderão cobrar dos sócios. Veja, primeiro na sociedade; depois nos sócios. O contrato social, por sua vez, poderá determinar ainda a responsabilidade solidária dos sócios pelas obrigações sociais contraídas em nome da sociedade.

PRINCIPAIS DIREITOS E OBRIGAÇÕES DOS SÓCIOS

As obrigações dos sócios começam com o contrato social, caso este não fixe uma outra data, e terminam com a liquidação da sociedade, conforme art. 1.001 do CC:

Art. 1.001. As obrigações dos sócios começam ime-diatamente com o contrato, se este não fixar outra data, e terminam quando, liquidada a sociedade, se extinguirem as responsabilidades sociais.

Direito Comercial

De acordo com o Código Civil são obrigações dos sócios:

a) Integralizar o Capital Social;
b) Ser legal.

Ainda de acordo com o Código Civil são direitos dos sócios:

a) Participar das deliberações sociais;
b) Participar no Resultado Social;
c) Fiscalizar a Gestão;
d) Retirar-se da sociedade.

Segundo o Código Civil o sócio não poderá ser substituído das suas funções, sem o consentimento dos demais sócios, expresso em modificação social, conforme determina o art. 1.002 do CC:

> *Art. 1.002. O sócio não pode ser substituído no exercício das suas funções, sem o consentimento dos demais sócios, expresso em modificação do contrato social.*

Já com relação à cessão de quotas que pode ser total ou parcial esta somente produzirá efeitos perante a sociedade e perante terceiros se for averbada no registro competente, ou seja, em se tratando de sociedade simples, no Cartório Civil de Pessoas Jurídicas.

O sócio que se retirar da sociedade não estará livre das responsabilidades que tinha enquanto sócio, uma vez que o Código Civil diz que entre o sócio retirante e o sócio que entrou na sociedade haverá uma responsabilidade solidária pelo prazo de 2 (dois) anos, contados da averbação da alteração contratual no registro competente, conforme art. 1.003 do CC:

> *Art. 1.003. A cessão total ou parcial de quota, sem a correspondente modificação do contrato social com o consentimento dos demais sócios, não terá eficácia quanto a estes e à sociedade.*

Parágrafo único. Até dois anos depois de averbada a modificação do contrato, responde o cedente solidariamente com o cessionário, perante a sociedade e terceiros, pelas obrigações que tinha como sócio.

Por outro lado, os sócios são obrigados, no prazo previsto no contrato social ou nos 30 (trinta) dias após a notificação expedida pela sociedade integralizar o capital social, sob pena de ser considerado remisso e uma vez nesta condição ser expulso da sociedade, ter suas quotas reduzidas ou ser condenado ao dano emergente de mora, tudo conforme art. 1.004 do CC:

Art. 1.004. Os sócios são obrigados, na forma e prazo previstos, às contribuições estabelecidas no contrato social, e aquele que deixar de fazê-lo, nos trinta dias seguintes ao da notificação pela sociedade, responderá perante esta pelo dano emergente da mora.

Parágrafo único. Verificada a mora, poderá a maioria dos demais sócios preferir, à indenização, a exclusão do sócio remisso, ou reduzir-lhe a quota ao montante já realizado, aplicando-se, em ambos os casos, o disposto no § 1º do art. 1.031.

Além de integralizar o capital social o sócio ainda deverá ser leal com a sociedade, não podendo se empregar em atividade estranha à sociedade, sob pena de ser privado de seus lucros ou até mesmo dela excluído.

Veja que numa sociedade simples temos geralmente 2 (dois) tipos de sócios: a) investidor que emprega capital; b) colaborador que presta serviços. Este último deve ser leal com a sociedade sob pena de receber uma justa causa e uma vez recebida, ser expulso da sociedade, conforme art. 1.006 do CC:

Art. 1.006. O sócio, cuja contribuição consista em serviços, não pode, salvo convenção em contrário, empregar-se em atividade estranha à sociedade, sob pena de ser privado de seus lucros e dela excluído.

Com relação ao direito de participar no resultado, o sócio irá participar conforme sua quota ou conforme o contrato social, sendo nula a cláusula que proíba o sócio de participar do resultado social.

Art. 1.007. Salvo estipulação em contrário, o sócio participa dos lucros e das perdas, na proporção das respectivas quotas, mas aquele, cuja contribuição consiste em serviços, somente participa dos lucros na proporção da média do valor das quotas.

Art. 1.008. É nula a estipulação contratual que exclua qualquer sócio de participar dos lucros e das perdas.

Por fim, a distribuição de lucros ilícitos ou fictícios acarreta a responsabilidade solidária dos administradores que a realizarem e dos sócios que os receberem, conhecendo ou devendo conhecer-lhes a ilegitimidade.

ADMINISTRAÇÃO DA SOCIEDADE

A sociedade simples será administrada pelo administrador. O administrador será sempre uma pessoa que possuir o poder de gestão. Ele poderá ser sócio ou não sócio; ser nomeado no contrato social ou em ato separado.

O administrador de uma sociedade deverá ser igual ao bom pai de família, devendo ter cuidado e diligência que todo homem ativo e probo costuma ter nos seus negócios, conforme art. 1.011 do CC:

Art. 1.011. O administrador da sociedade deverá ter, no exercício de suas funções, o cuidado e a diligência que todo homem ativo e probo costuma empregar na administração de seus próprios negócios.

IMPEDIMENTOS PARA O CARGO DE ADMINISTRADOR

Não podem ser administradores, além das pessoas impedidas por lei especial, os condenados a pena que vede, ainda que temporariamente, o acesso a cargos públicos; ou por crime falimentar, de prevaricação, peita ou suborno, concussão, peculato; ou contra a economia popular, contra o sistema financeiro nacional, contra as normas de defesa da concorrência, contra as relações de consumo, a fé pública ou a propriedade, enquanto perdurarem os efeitos da condenação.

ADMINISTRADOR NOMEADO EM ATO SEPARADO

O administrador nomeado em ato separado deverá averbá-lo junto ao registro da sociedade, sob pena de responder pessoalmente e solidariamente com a sociedade pelas obrigações sociais. Veja o que diz o art. 1.012 do CC:

> *Art. 1.012. O administrador, nomeado por instrumento em separado, deve averbá-lo à margem da inscrição da sociedade, e, pelos atos que praticar, antes de requerer a averbação, responde pessoal e solidariamente com a sociedade.*

Em se tratando de administradores sócios, nada dispondo o contrato social, a administração da sociedade competirá separadamente a cada um dos sócios. Se a administração permitir separadamente a vários administradores, cada um poderá impugnar a operação do outro, cabendo a decisão aos sócios.

> *Art. 1.013. A administração da sociedade, nada dispondo o contrato social, compete separadamente a cada um dos sócios.*

§ 1º Se a administração competir separadamente a vários administradores, cada um pode impugnar operação pretendida por outro, cabendo a decisão aos sócios, por maioria de votos.

§ 2º Responde por perdas e danos perante a sociedade o administrador que realizar operações, sabendo ou devendo saber que estava agindo em desacordo com a maioria.

Art. 1.014. Nos atos de competência conjunta de vários administradores, torna-se necessário o concurso de todos, salvo nos casos urgentes, em que a omissão ou retardo das providências possa ocasionar dano irreparável ou grave.

PODERES DA ADMINISTRAÇÃO

Os administradores são detentores do poder de gestão. Não constituiu, por outro lado, objeto social, a oneração ou a venda de bens imóveis, uma vez que tais decisões competem aos sócios e não aos administradores.

TEORIA DA ULTRA VIRES

A Teoria da Ultra Vires foi adotada pelo Código Civil de 2002 em seu art. 1.015. Segundo essa Teoria toda vez que o administrador extrapolar o objeto da sociedade ela poderá se opor perante terceiros e estes deverão reclamar contra o administrador que contratou e não contra a sociedade. Veja o que diz o referido art.

Art. 1.015. No silêncio do contrato, os administradores podem praticar todos os atos pertinentes à gestão da sociedade; não constituindo objeto social, a oneração ou a venda de bens imóveis depende do que a maioria dos sócios decidir.

Parágrafo único. O excesso por parte dos administradores somente pode ser oposto a terceiros se ocorrer pelo menos uma das seguintes hipóteses:
I - se a limitação de poderes estiver inscrita ou averbada no registro próprio da sociedade;
II - provando-se que era conhecida do terceiro;
III - tratando-se de operação evidentemente estranha aos negócios da sociedade.

RESPONSABILIDADE CIVIL DOS ADMINISTRADORES

Os administradores não são responsáveis civis pelas obrigações sociais contratadas em nome da sociedade. É a sociedade que contratou, logo será ela a responsável. Entretanto, diz o Código Civil que se o administrador incorrer em culpa responderá perante a sociedade e perante terceiros.

Quando o Código Civil diz culpa quer dizer culpa no sentido mais amplo possível. Vale dizer, a culpa aqui envolve o dolo. Portanto, somente será responsável o administrador que incorrer em culpa ou dolo, caso contrário, a responsabilidade é da sociedade e não do administrador, conforme art. 1.016 do CC:

Art. 1.016. Os administradores respondem solidariamente perante a sociedade e os terceiros prejudicados, por culpa no desempenho de suas funções.

Art. 1.017. O administrador que, sem consentimento escrito dos sócios, aplicar créditos ou bens sociais em proveito próprio ou de terceiros, terá de restituí-los à sociedade, ou pagar o equivalente, com todos os lucros resultantes, e, se houver prejuízo, por ele também responderá.

Parágrafo único. Fica sujeito às sanções o administrador que, tendo em qualquer operação interesse contrário ao da sociedade, tome parte na correspondente deliberação.

Ao administrador é vedado fazer-se substituir no exercício de suas funções, sendo-lhe facultado, nos limites de seus poderes, constituir mandatários da sociedade, especificados no instrumento os atos e operações que poderão praticar.

MANDATO DOS ADMINISTRADORES

São irrevogáveis os poderes do sócio administrador por cláusula contratual, salvo a ocorrência de justa causa, reconhecida judicialmente. Por outro lado, são revogáveis, a qualquer momento, os poderes conferido a sócio por ato separado, ou a quem não seja sócio.

Art. 1.019. São irrevogáveis os poderes do sócio investido na administração por cláusula expressa do contrato social, salvo justa causa, reconhecida judicialmente, a pedido de qualquer dos sócios.

Parágrafo único. São revogáveis, a qualquer tempo, os poderes conferidos a sócio por ato separado, ou a quem não seja sócio.

OBRIGAÇÕES DOS ADMINISTRADORES

Os administradores devem ser leais com a sociedade e com os demais sócios e deverão elaborar o inventário, o balanço patrimonial e o de resultado. Claro, que tais tarefas competem ao contador, mas cabe aos administradores exigirem tais obrigações formais, sob pena de responderem pessoalmente.

Art. 1.020. Os administradores são obrigados a prestar aos sócios contas justificadas de sua administração, e apresentar-lhes o inventário anualmente, bem como o balanço patrimonial e o de resultado econômico.

Dissolução da sociedade

Dissolve-se a sociedade quando ocorrer:

I - o vencimento do prazo de duração, salvo se, vencido este e sem oposição de sócio, não entrar a sociedade em liquidação, caso em que se prorrogará por tempo indeterminado;
II - o consenso unânime dos sócios;
III - a deliberação dos sócios, por maioria absoluta, na sociedade de prazo indeterminado;
IV - a falta de pluralidade de sócios, não reconstituída no prazo de cento e oitenta dias;
V - a extinção, na forma da lei, de autorização para funcionar.

A sociedade pode ser dissolvida judicialmente, a requerimento de qualquer dos sócios, quando:

I - anulada a sua constituição;
II - exaurido o fim social, ou verificada a sua inexequibilidade.

Sociedade em Nome Coletivo

Sociedade em nome coletivo é uma sociedade pessoas conhecidas como uma sociedade familiar, na qual todos os sócios respondem ilimitadamente e solidariamente pelas obrigações sociais.

Neste tipo societário somente pessoas físicas é que podem participar. Lembre-se, ao final, que a responsabilidade dos sócios é sempre subsidiária, ou seja, primeiro na sociedade, depois nos sócios. Dessa forma, quando o Código Civil que os sócios responderão solidariamente ele está querendo dizer que haverá uma responsabilidade solidária entre os sócios, porém, estes perante terceiros responderão susbsidiariamente.

Art. 1.039. Somente pessoas físicas podem tomar parte na sociedade em nome coletivo, respondendo todos os sócios, solidária e ilimitadamente, pelas obrigações sociais.

Parágrafo único. Sem prejuízo da responsabilidade perante terceiros, podem os sócios, no ato constitutivo, ou por unânime convenção posterior, limitar entre si a responsabilidade de cada um.

O contrato social da sociedade em nome coletivo deve conter as indicações referidas no art. 997 do CC, ou seja, o mesmo da sociedade simples. A administração, por sua vez, compete exclusivamente a sócios, sendo o uso da firma, nos limites do contrato, privativo dos que tenham os necessários poderes.

Art. 1.042. A administração da sociedade compete exclusivamente a sócios, sendo o uso da firma, nos limites do contrato, privativo dos que tenham os necessários poderes.

Art. 1.043. O credor particular de sócio não pode, antes de dissolver-se a sociedade, pretender a liquidação da quota do devedor.

Parágrafo único. Poderá fazê-lo quando:
I - a sociedade houver sido prorrogada tacitamente;
II - tendo ocorrido prorrogação contratual, for acolhida judicialmente oposição do credor, levantada no prazo de noventa dias, contado da publicação do ato dilatório.

Art. 1.044. A sociedade se dissolve de pleno direito por qualquer das causas enumeradas no art. 1.033 e, se empresária, também pela declaração da falência.

Da Sociedade em Comandita Simples

Neste tipo societário existem 2 (duas) categorias de sócios: a) comanditados – pessoas físicas, administradores da sociedade, com responsabilidade ilimitada e solidária pelas obrigações sociais, e os comanditários, pessoas físicas ou jurídicas, que não administram a sociedade, respondendo, limitadamente. Veja o art. 1.045 do CC:

> *Art. 1.045. Na sociedade em comandita simples tomam parte sócios de duas categorias: os comanditados, pessoas físicas, responsáveis solidária e ilimitadamente pelas obrigações sociais; e os comanditários, obrigados somente pelo valor de sua quota.*
>
> *Parágrafo único. O contrato deve discriminar os comanditados e os comanditários.*

O sócio comanditário terá direito de participar das deliberações sociais e de fiscalizar a gestão da sociedade. Não poderá, por outro lado, participar da administração da sociedade, sob pena de ficar vinculado as mesmas responsabilidades do sócio comanditado, conforme art. 1.047 do CC:

> *Art. 1.047. Sem prejuízo da faculdade de participar das deliberações da sociedade e de lhe fiscalizar as operações, não pode o comanditário praticar qualquer ato de gestão, nem ter o nome na firma social, sob pena de ficar sujeito às responsabilidades de sócio comanditado.*
>
> *Parágrafo único. Pode o comanditário ser constituído procurador da sociedade, para negócio determinado e com poderes especiais.*

Direito Comercial

Dissolução da sociedade

Dissolve-se de pleno direito a sociedade:
I - por qualquer das causas previstas no art. 1.044;
II - quando por mais de cento e oitenta dias perdurar a falta de uma das categorias de sócio.

Na falta de sócio comanditado, os comanditários nomearão administrador provisório para praticar, durante o período referido no inciso II e sem assumir a condição de sócio, os atos de administração.

Sociedade Limitada

A sociedade limitada é a sociedade mais usual. No Brasil era regida pelo Decreto n.º 3.708/19, revogado pelo então Código Civil de 2002.

Atualmente, a sociedade limitada encontra-se regida pelos arts. 1.052 a 1.087 do CC, aplicando-se subsidiariamente as normas referentes a sociedade simples e se o contrato permitir, supletivamente a Lei das Sociedades Anônimas, conforme art. 1.053 do CC.

Art. 1.053. A sociedade limitada rege-se, nas omissões deste Capítulo, pelas normas da sociedade simples.

Parágrafo único. O contrato social poderá prever a regência supletiva da sociedade limitada pelas normas da sociedade anônima.

Conceito

Considera-se sociedade limitada a sociedade cujo capital social é dividido em quotas, respondendo os sócios limitadamente pela sua quota parte e solidariamente pela integralização total do capital social, conforme art. 1.052 do CC:

> **Art. 1.052. Na sociedade limitada, a responsabilidade de cada sócio é restrita ao valor de suas quotas, mas todos respondem solidariamente pela integralização do capital social.**

CAPITAL SOCIAL

Capital Social é uma contribuição inicial em dinheiro ou bens que os sócios dão à sociedade. Na verdade, capital social é aquilo que a sociedade precisa para começar a trabalhar. Essa contribuição como já comentado, pode ser em dinheiro ou bens.

O capital social é dividido em quotas. As quotas, por sua vez, representam parcelas de um capital social que dão ao seu titular a condição de sócio, gerando para eles direitos e obrigações. Importante ressaltar que para ser sócio tem que ter quota.

> **Art. 1.055. O capital social divide-se em quotas, iguais ou desiguais, cabendo uma ou diversas a cada sócio.**

O capital social representa no início da sociedade uma garantia perante terceiros. Vale dizer, que os credores vão contratar com uma sociedade limitada que está iniciando suas atividades levam em consideração o capital social. Por isso é que o Código Civil diz que pela exata estimação de bens conferidos ao capital social respondem solidariamente todos os sócios, até o prazo de cinco anos da data do registro da sociedade.

Por outro lado, é importante lembrar que na sociedade limitada é vedado a integralização de capital com prestação de serviços. É verdade, o capital social de uma sociedade limitada será subscrito e integralizado. Subscrever capital é manifestar o interesse em tornar-se sócio; integralizar capital é efetivar a promessa, ou seja, pagar.

Direito Comercial

Segundo o Código Civil a quota é indivisível em relação à sociedade, salvo para efeito de transferência, devendo, neste caso, observar o previsto no art. 1.075 do mesmo diploma legal.

RESPONSABILIDADE DOS SÓCIOS NA SOCIEDADE LIMITADA

De acordo com o art. 1.052 do CC, cada sócio irá responder pela sua quota parte, mas todos serão solidários pela integralização total do capital social.

Em uma sociedade limitada à responsabilidade dos sócios está atrelada ao capital subscrito e nunca ao capital integralizado. Assim, se a sociedade vier a falir no futuro, os sócios responderão pelo total do capital subscrito e não pelo capital efetivamente integralizado.

SÓCIO REMISSO

Sócio remisso é o sócio que não integraliza capital social. Neste caso ele poderá ser expulso da sociedade, ter sua quota parte reduzida ou ser condenado ao dano emergente de mora, tudo conforme o art. 1.004 do CC, já comentado, quando falamos da sociedade simples.

Se o capital social de uma sociedade limitada estiver devidamente integralizado, os bens dos sócios não poderão ser chamados para responder por dívidas sociais. Entretanto, não estando o capital social inteiramente integralizado e uma vez decretada a falência o administrador judicial irá propor a ação de integralização e penhorará o patrimônio pessoal dos sócios.

A penhora irá recair sobre a diferença que faltar para a integralização. Vale dizer, os sócios não responderão por toda a dívida social. Respondem, apenas, pelo que faltar para integralizar o capital.

Art. 1.058. Não integralizada a quota de sócio remisso, os outros sócios podem, sem prejuízo do disposto no art. 1.004 e seu parágrafo único, tomá-la para si ou transferi-la a terceiros, excluindo o primitivo titular e devolvendo-lhe o que houver pago, deduzidos os juros da mora, as prestações estabelecidas no contrato mais as despesas.

Estando o capital inteiramente integralizado, os sócios não responderão por dívidas sociais, salvo se algum credor invocar a Teoria da Desconsideração da Personalidade Jurídica, a qual será estudada em momento oportuno.

TIPOS DE SÓCIOS

Na sociedade limitada existe 2 (dois) tipos de sócios. O investidor e o colaborador. O primeiro é o investidor; ao passo que o segundo é o administrador. Veja bem. Para ser sócio tem que ter capital, seja ele, investidor ou colaborador.

Importante relembrar, que o sócio colaborador integraliza o capital social da mesma maneira que o investidor, ou seja, em dinheiro ou bens, mas jamais com a prestação de serviços.

CESSÃO DE QUOTAS

Cessão de quotas corresponde a transferência de quotas de um capital social. Segundo o Código Civil, uma vez omisso o contrato social, poderá o sócio ceder sua quota, total ou parcialmente a quem seja sócio, independentemente de audiência dos demais sócios, ou a um terceiro, se não houver oposição de titulares que correspondam a mais de $\frac{1}{4}$ do capital social, conforme art. 1.057 do CC.

> *Art. 1.057. Na omissão do contrato, o sócio pode ceder sua quota, total ou parcialmente, a quem seja sócio, independentemente de audiência dos outros, ou a estranho, se não houver oposição de titulares de mais de um quarto do capital social.*
>
> *Parágrafo único. A cessão terá eficácia quanto à sociedade e terceiros, inclusive para os fins do parágrafo único do art. 1.003, a partir da averbação do respectivo instrumento, subscrito pelos sócios anuentes.*

Direito Comercial

A eficácia da transferência de quotas depende da averbação da alteração contratual no registro competente. Se for uma sociedade empresária, na Junta Comercial do Estado, se for uma sociedade simples, no Cartório Civil de Pessoas Jurídicas da Comarca da sede social.

Como já comentado, a retirada do sócio da sociedade não o exime das suas responsabilidades. Ele ficará responsável pelo prazo de 2 (dois) anos, contadas da averbação da alteração contratual no registro competente.

Caso a sociedade deixar de averbar a alteração contratual no registro competente no prazo de 30 (trinta) dias contados da assinatura da alteração contratual a sociedade passará a ser considerada uma sociedade em comum, ou seja, uma sociedade irregular e neste caso todos os sócios responderão ilimitadamente e solidariamente pelas obrigações sociais.

Administração da sociedade

Assim como a sociedade simples, a sociedade limitada será administrada pelo administrador. Será ele um sócio ou não, nomeado no contrato ou em ato separado.

O administrador será sempre uma pessoa que tem o poder de gestão e não deve ser confundido com o gerente. O conceito de gerente encontra-se previsto no art. 1.179 do CC, sendo considerado um preposto efetivo no cargo com uma hierarquia superior aos demais empregados. Portanto, gerente é um funcionário da sociedade limitada.

Isso não ocorre com o administrador. O administrador não é empregado da sociedade limitada, ainda que não seja sócio, pois não é subordinado. Vale dizer, para ser empregado a pessoa tem que preencher os requisitos da CLT, dentre eles ser subordinado.

O administrador, quando muito, é subordinado à assembleia e não a uma pessoa diretamente. O vínculo entre a sociedade e o administrador é contratual e não celetista. Não podemos nos estender mais sobre esse assunto, pois fugiríamos do nosso propósito que é preparar alunos para Exame de Ordem e Concursos Públicos.

Aconselho neste caso uma leitura mais aprofundada sobre o assunto. A doutrina e a jurisprudência são bastante ricas a este respeito. Vale à pena ler mais.

Seja como for, o administrador é a pessoa que irá administrar a empresa, sendo designado no contrato social ou em ato separado, conforme art. 1.060 do CC:

> **Art. 1.060. A sociedade limitada é administrada por uma ou mais pessoas designadas no contrato social ou em ato separado.**
>
> **Parágrafo único. A administração atribuída no contrato a todos os sócios não se estende de pleno direito aos que posteriormente adquiram essa qualidade.**

Caso o contrato social permita administradores não sócios, a designação deles deverá ser aprovada por unanimidade dos sócios, enquanto o capital não estiver inteiramente integralizado, e por 2/3, após a integralização.

O administrador nomeado em ato separado deverá investir-se no cargo mediante a assinatura do livro de atas da administração. Ele terá o prazo de 30 (trinta) dias para tomar a posse do cargo e mais 10 (dez) dias para averbar o instrumento de posse no registro competente.

> **Art. 1.061. Se o contrato permitir administradores não sócios, a designação deles dependerá de aprovação da unanimidade dos sócios, enquanto o capital não estiver integralizado, e de dois terços, no mínimo, após a integralização.**
>
> **Art. 1.062. O administrador designado em ato separado investir-se-á no cargo mediante termo de posse no livro de atas da administração.**
>
> **§ 1º Se o termo não for assinado nos trinta dias seguintes à designação, esta se tornará sem efeito.**

§ 2º Nos dez dias seguintes ao da investidura, deve o administrador requerer seja averbada sua nomeação no registro competente, mencionando o seu nome, nacionalidade, estado civil, residência, com exibição de documento de identidade, o ato e a data da nomeação e o prazo de gestão.

Cessação do cargo de administrador

O exercício do cargo de administrador cessa pela destituição, em qualquer tempo, do titular, ou pelo término do prazo se, fixado no contrato ou em ato separado, não houver recondução.

Tratando-se de sócio nomeado administrador no contrato, sua destituição somente se opera pela aprovação de titulares de quotas correspondentes, no mínimo, a dois terços do capital social, salvo disposição contratual diversa.

A cessação do exercício do cargo de administrador deve ser averbada no registro competente, mediante requerimento apresentado nos dez dias seguintes ao da ocorrência.

A renúncia de administrador torna-se eficaz, em relação à sociedade, desde o momento em que esta toma conhecimento da comunicação escrita do renunciante, e, em relação a terceiros, após a averbação e publicação.

Uso da firma ou denominação social

O uso da firma ou denominação social é privativo dos administradores que tenham os necessários poderes para tanto. Vale dizer, somente poderá assinar pela sociedade quem estiver devidamente incumbido do cargo de administrador, conforme art. 1.064 do CC:

> *Art. 1.064. O uso da firma ou denominação social é privativo dos administradores que tenham os necessários poderes.*

Tarefas do Administrador

Além da função de gestor o administrador deverá elaborar o inventário, o balanço patrimonial e o de resultado.

Claro, tais tarefas competem ao contador, mas isso não significa dizer que o administrador estará livre das suas responsabilidades. Ele deverá assinar os documentos contábeis conjuntamente com o contador e nesta condição será responsável. Veja o que diz o art. 1.065 do CC:

> *Art. 1.065. Ao término de cada exercício social, proceder-se-á à elaboração do inventário, do balanço patrimonial e do balanço de resultado econômico.*

Conselho Fiscal

Como visto na sociedade simples é um direito do sócio fiscalizar a gestão da sociedade. No entanto, nem sempre esse direito consegue ser exercido com facilidade, pois fiscalizar a gestão requer conhecimento altamente qualificado.

Quando falamos do direito de fiscalização devemos levar em consideração que os sócios irão examinar os inventários e os balanços e os demais livros do empresário. Para o desempenho dessa tarefa deverão os sócios ter conhecimento técnico sobre o assunto, sob pena de não conseguir executar seu direito em plenitude.

Por esse motivo, o Código Civil inova mais uma vez, pois diz que a sociedade limitada poderá instituir o Conselho Fiscal para fiscalizar a gestão da sociedade, conforme art. 1.066:

> *Art. 1.066. Sem prejuízo dos poderes da assembleia dos sócios, pode o contrato instituir conselho fiscal composto de três ou mais membros e respectivos suplentes, sócios ou não, residentes no País, eleitos na assembleia anual prevista no art. 1.078.*

O conselho fiscal, quando existente, pois é um órgão facultativo, será composto por no mínimo 3 (três) membros, sócios ou não. Percebam que qualquer pessoa pode fazer parte do referido conselho, seja ele sócio ou não.

Quando falamos qualquer pessoa é qualquer pessoa não legalmente impedida. Assim, não podem fazer parte do conselho fiscal, além dos inelegíveis enumerados no § 1º do art. 1.011, os membros dos demais órgãos da sociedade ou de outra por ela controlada, os empregados de quaisquer delas ou dos respectivos administradores, o cônjuge ou parente destes até o terceiro grau.

Aos sócios minoritários, que representarem pelo menos um quinto do capital social, é assegurado o direito de eleger, separadamente, um dos membros do conselho fiscal e o respectivo suplente.

O mandato de conselheiro fiscal é geralmente anual. Dessa forma, uma vez assinado o termo de posse, o conselheiro ficará investido no cargo até a próxima assembleia anual.

> *Art. 1.067. O membro ou suplente eleito, assinando termo de posse lavrado no livro de atas e pareceres do conselho fiscal, em que se mencione o seu nome, nacionalidade, estado civil, residência e a data da escolha, ficará investido nas suas funções, que exercerá, salvo cessação anterior, até a subsequente assembleia anual.*
>
> *Parágrafo único. Se o termo não for assinado nos trinta dias seguintes ao da eleição, esta se tornará sem efeito.*

Competência do Conselho Fiscal

Além de outras atribuições determinadas na lei ou no contrato social, aos membros do conselho fiscal incumbem, individual ou conjuntamente, os deveres seguintes:

I - examinar, pelo menos trimestralmente, os livros e papéis da sociedade e o estado da caixa e da carteira, devendo os administradores ou liquidantes prestar-lhes as informações solicitadas;

II - lavrar no livro de atas e pareceres do conselho fiscal o resultado dos exames referidos no inciso I deste artigo;

III - exarar no mesmo livro e apresentar à assembleia anual dos sócios parecer sobre os negócios e as operações sociais do exercício em que servirem, tomando por base o balanço patrimonial e o de resultado econômico;

IV - denunciar os erros, fraudes ou crimes que descobrirem, sugerindo providências úteis à sociedade;

V - convocar a assembleia dos sócios se a diretoria retardar por mais de trinta dias a sua convocação anual, ou sempre que ocorram motivos graves e urgentes;

VI - praticar, durante o período da liquidação da sociedade, os atos a que se refere este artigo, tendo em vista as disposições especiais reguladoras da liquidação.

Deliberações dos sócios

Um dos direitos dos sócios é o direito de contribuir para as deliberações. Direito de contribuir para as deliberações é o direito de voto.

Na sociedade limitada cada quota equivale a 1 (um) voto, sendo que, para a formação da maioria absoluta são necessários 50% + 1 do total do capital social.

Esse direito de voto deverá ocorrer em assembleia, reunião ou ato separado por escrito. Ocorrerá em assembleia quando o número de sócios for superior a 10. Já a reunião será obrigatória quando o número de sócios for igual ou inferior a 10. Veja o que diz o art. 1.072 do CC:

> *Art. 1.072. As deliberações dos sócios, obedecido o disposto no art. 1.010, serão tomadas em reunião ou em assembleia, conforme previsto no contrato social, devendo ser convocadas pelos administradores nos casos previstos em lei ou no contrato.*

Direito Comercial

§ 1º A deliberação em assembleia será obrigatória se o número dos sócios for superior a dez.

§ 2º Dispensam-se as formalidades de convocação previstas no § 3º do art. 1.152, quando todos os sócios comparecerem ou se declararem, por escrito, cientes do local, data, hora e ordem do dia.

§ 3º A reunião ou a assembleia tornam-se dispensáveis quando todos os sócios decidirem, por escrito, sobre a matéria que seria objeto delas.

§ 4º No caso do inciso VIII do artigo antecedente, os administradores, se houver urgência e com autorização de titulares de mais da metade do capital social, podem requerer concordata preventiva.

§ 5º As deliberações tomadas de conformidade com a lei e o contrato vinculam todos os sócios, ainda que ausentes ou dissidentes.

Entretanto, diz o Código Civil que tanto a assembleia quanto a reunião tornam-se dispensáveis se todos os sócios votarem em ato separado.

Quando falamos em assembleia imaginamos aquelas formalidades exigidas por lei, o alto custo operacional etc.. Isso é verdade, contudo, não será qualquer matéria objeto de deliberação, uma vez que o Código Civil elencou as matérias no art. 1.071 que serão objetos de deliberação.

Dessa forma, dependem da deliberação dos sócios, além de outras matérias indicadas na lei ou no contrato:

I - a aprovação das contas da administração;

II - a designação dos administradores, quando feita em ato separado;

III - a destituição dos administradores;

IV - o modo de sua remuneração, quando não estabelecido no contrato;

V - a modificação do contrato social;

VI - a incorporação, a fusão e a dissolução da sociedade, ou a cessação do estado de liquidação;

VII - a nomeação e destituição dos liquidantes e o julgamento das suas contas;

VIII - o pedido de concordata (atualmente recuperação judicial).

CONVOCAÇÃO DA REUNIÃO OU DA ASSEMBLEIA

A reunião ou a assembleia podem também ser convocadas:

I - por sócio, quando os administradores retardarem a convocação, por mais de sessenta dias, nos casos previstos em lei ou no contrato, ou por titulares de mais de um quinto do capital, quando não atendido, no prazo de oito dias, pedido de convocação fundamentado, com indicação das matérias a serem tratadas;

II - pelo conselho fiscal, se houver, nos casos a que se refere o inciso V do art. 1.069.

QUORUM DE INSTALAÇÃO DA ASSEMBLEIA

A assembleia instala-se em primeira convocação com $\frac{3}{4}$ do capital social e em segunda convocação com qualquer número. Veja o que diz o art. 1.074 do CC:

> *Art. 1.074. A assembleia dos sócios instala-se com a presença, em primeira convocação, de titulares de no mínimo três quartos do capital social, e, em segunda, com qualquer número.*
>
> *§ 1º O sócio pode ser representado na assembleia por outro sócio, ou por advogado, mediante outorga de mandato com especificação dos atos autorizados,*

devendo o instrumento ser levado a registro, juntamente com a ata.

§ 2º Nenhum sócio, por si ou na condição de mandatário, pode votar matéria que lhe diga respeito diretamente.

QUORUM DE DELIBERAÇÃO DA ASSEMBLEIA

O quorum de deliberação da assembleia será:

I – para designação de administrador não sócio, enquanto não integralizado o capital social, inânime e de 2/3 após a integralização;
II – para destituição de sócio administrador, 2/3 no mínimo;
III – para modificação do contrato social, incorporação, fusão ou dissolução da sociedade, ¾ do capital social;
IV – para a nomeação de administrador extra, bem como sua remuneração ou destituição, 50%¨+1 do capital;
V – para os demais casos, 50%¨+1 dos presentes.

TIPOS DE ASSEMBLEIA

Em uma sociedade existem 2 (dois) tipos de assembleia. A AGO – assembleia geral ordinária e a AGE – assembleia geral extraordinária. A primeira deve ser instalada 1 (uma) vez por ano, nos 4 (quatro) primeiros meses ao término de cada exercício ao passo que a segunda pode ser instalada a qualquer momento, conforme art. 1.078 do CC.

A AGO possui matéria específica. Assim, o que não couber a AGO competirá a AGE. Seja como for, compete a AGO:

I - tomar as contas dos administradores e deliberar sobre o balanço patrimonial e o de resultado econômico;
II - designar administradores, quando for o caso;
III - tratar de qualquer outro assunto constante da ordem do dia.

Instalada a assembleia, proceder-se-á à leitura dos documentos referidos no parágrafo antecedente, os quais serão submetidos, pelo presidente, a discussão e votação, nesta não podendo tomar parte os membros da administração e, se houver, os do conselho fiscal.

Por fim, a aprovação, sem reserva, do balanço patrimonial e do de resultado econômico, salvo erro, dolo ou simulação, exonera de responsabilidade os membros da administração e, se houver, os do conselho fiscal.

AUMENTO E DA REDUÇÃO DO CAPITAL

Uma vez integralizado o capital social ele poderá ser aumentado. Neste caso torna-se necessário proceder a alteração contratual e registrá-la no registro competente, conforme art. 1.081 do CC:

> **Art. 1.081. Ressalvado o disposto em lei especial, integralizadas as quotas, pode ser o capital aumentado, com a correspondente modificação do contrato.**

Os sócios terão direito de preferência na participação do aumento do capital social, na proporção de suas quotas.

Decorrido o prazo da preferência, e assumida pelos sócios, ou por terceiros, a totalidade do aumento, haverá reunião ou assembleia dos sócios, para que seja aprovada a modificação do contrato.

Por outro lado, pode a sociedade reduzir o capital, mediante a correspondente modificação do contrato:

I - depois de integralizado, se houver perdas irreparáveis;
II - se excessivo em relação ao objeto da sociedade.

No caso de redução por perdas irreparáveis, a redução do capital será realizada com a diminuição proporcional do valor nominal das quotas, tornando-se efetiva a partir da averbação, no Registro Público de Empresas Mercantis, da ata da assembleia que a tenha aprovado.

Já em se tratando de redução por excesso de capital, a redução do capital será feita restituindo-se parte do valor das quotas aos sócios, ou dispensando-se as prestações ainda devidas, com diminuição proporcional, em ambos os casos, do valor nominal das quotas.

Por fim, no prazo de noventa dias, contado da data da publicação da ata da assembleia que aprovar a redução, o credor quirografário, por título líquido anterior a essa data, poderá opor-se ao deliberado. A redução somente se tornará eficaz se, no prazo estabelecido no parágrafo antecedente, não for impugnada, ou se provado o pagamento da dívida ou o depósito judicial do respectivo valor.

Dissolução

A sociedade limitada dissolve-se, de pleno direito, por qualquer das situações elencadas no art. 1.044 já comentadas, conforme art. 1.087 do CC:

> *Art. 1.087. A sociedade dissolve-se, de pleno direito, por qualquer das causas previstas no art. 1.044.*

Sociedade Anônima

A sociedade anônima encontra-se regulada pela lei especial 6.404/76, ficando a cargo do Código Civil sua definição:

> *Art. 1.088. Na sociedade anônima ou companhia, o capital divide-se em ações, obrigando-se cada sócio ou acionista somente pelo preço de emissão das ações que subscrever ou adquirir.*

> *Art. 1.089. A sociedade anônima rege-se por lei especial, aplicando-se-lhe, nos casos omissos, as disposições deste Código.*

Conceito

Sociedade anônima é uma sociedade de capital, empresária e que possui seu capital social dividido em ações, respondendo os acionistas pelo preço de emissão das ações subscritas ou adquiridas.

Capital Social

O capital social de uma sociedade anônima não é diferente de uma sociedade limitada, senão pelo vulto. Geralmente são sociedades anônimas as grandes empresas e sociedades limitadas as de médio e pequeno porte.

Só para relembrar capital social é uma contribuição inicial em dinheiro ou bens que os sócios ou acionistas dão a sociedade. Ele não deve ser confundido com patrimônio social.

O capital social da sociedade anônima é dividido em ações. Ações, por sua vez, são espécies de valores mobiliários que dão ao seu titular a condição de acionista, gerando para eles direitos e obrigações.

O preço de emissão das ações adquiridas ou subscritas é o valor máximo que o acionista pode perder. Vale dizer, numa sociedade anônima não se invade o patrimônio pessoal do acionista, salvo em caso de fraude, pois poderá ser invocada a Teoria da Desconsideração da Personalidade Jurídica. Veja o que diz o art. 1º da LSA:

> *Art. 1º A companhia ou sociedade anônima terá o capital dividido em ações, e a responsabilidade dos sócios ou acionistas será limitada ao preço de emissão das ações subscritas ou adquiridas.*

Acionista remisso

Remisso é o acionista que não integraliza o capital social. Neste caso a companhia poderá expulsá-lo da sociedade vendendo suas ações em Bolsa de Valor.

Tipos de Sociedade Anônima

A sociedade anônima é classificada em aberta e fechada. Aberta quando tem suas ações negociadas no mercado de valores mobiliários, ou seja, no mercado de balcão e na bolsa de valor e fechada quando não opera nesses mercados, conforme art. 4º da LSA:

> *Art. 4º Para os efeitos desta Lei, a companhia é aberta ou fechada conforme os valores mobiliários de sua emissão estejam ou não admitidos à negociação no mercado de valores mobiliários.*
>
> *§ 1º Somente os valores mobiliários de emissão de companhia registrada na Comissão de Valores Mobiliários podem ser negociados no mercado de valores mobiliários.*
>
> *§ 2º Nenhuma distribuição pública de valores mobiliários será efetivada no mercado sem prévio registro na Comissão de Valores Mobiliários.*

Comissão de Valores Mobiliários

A Comissão de Valores Mobiliários (CVM) é uma autarquia federal, vinculada ao Ministério da Fazenda que tem por objetivo regular o mercado de capitais e fiscalizar as companhias abertas.

Mercado de Capitais

O mercado de capitais pode ser primário ou secundário. No primeiro ocorre o lançamento de novas ações. Neste mercado futuros acionistas fazem o ato da subscrição e em seguida a integralização do capital, fazendo a companhia parte direta da transação. No segundo, ou seja, no mercado de capitais secundário ocorre a compra e venda de ações, entre acionistas ou não e a companhia faz parte indireta da transação.

Nota-se que no mercado primário ocorrerá sempre o lançamento de novas ações. Neste mercado ninguém compra nada, ao contrário, neste mercado ocorre à chamada subscrição de ações. Já no mercado secundário, aquele que existe na Bolsa de Valor, ocorre à compra e venda de ações.

BOLSA DE VALOR

São as antigas sociedades civis, com fins lucrativos ou não, cuja principal função é ampliar o volume de negócios comprando e vendendo ações. Portanto, Bolsas de Valor operam no mercado secundário.

MERCADO DE BALCÃO

É composto pelos bancos e demais corretoras de valores mobiliários, operando tanto no mercado primário, quanto no mercado secundário.

MERCADO DE BALCÃO ORGANIZADO

Neste mercado, ou seja, no EMBO, as operações são semelhantes as bolsas de valores, no entanto, ocorrem compra e venda à vista. Para a compra e venda a termo é necessário autorização da CVM.

CONSTITUIÇÃO DA SOCIEDADE ANÔNIMA

Segundo o art. 80 da LSA, a constituição da companhia depende do cumprimento dos seguintes requisitos preliminares:

I - subscrição, pelo menos por 2 (duas) pessoas, de todas as ações em que se divide o capital social fixado no estatuto;
II - realização, como entrada, de 10% (dez por cento), no mínimo, do preço de emissão das ações subscritas em dinheiro;

Direito Comercial

III - depósito, no Banco do Brasil S/A., ou em outro estabelecimento bancário autorizado pela Comissão de Valores Mobiliários, da parte do capital realizado em dinheiro.

Lembre-se, contudo, que em se tratando de constituição de sociedade anônima bancária a porcentagem da integralização a vista sob para 50% (cinquenta por cento) do capital social em dinheiro a ser depositado no Banco Central do Brasil.
A companhia poderá ser constituída por subscrição pública ou particular, conforme arts. 82 e 88 da LSA.

SUBSCRIÇÃO PÚBLICA

A companhia aberta será constituída por subscrição pública mediante prévio registro na CVM. O lançamento de ações deve ser feito por intermédio de uma instituição financeira. Veja o que diz o art. 82 da LSA:

> *Art. 82. A constituição de companhia por subscrição pública depende do prévio registro da emissão na Comissão de Valores Mobiliários, e a subscrição somente poderá ser efetuada com a intermediação de instituição financeira.*
>
> *§ 1º O pedido de registro de emissão obedecerá às normas expedidas pela Comissão de Valores Mobiliários e será instruído com:*
> *a) o estudo de viabilidade econômica e financeira do empreendimento;*
> *b) o projeto do estatuto social;*
> *c) o prospecto, organizado e assinado pelos fundadores e pela instituição financeira intermediária.*
>
> *§ 2º A Comissão de Valores Mobiliários poderá condicionar o registro a modificações no estatuto ou no prospecto e denegá-lo por inviabilidade ou temeridade do empreendimento, ou inidoneidade dos fundadores.*

Subscrição particular

Diz respeito à companhia fechada, a qual será constituída mediante deliberação dos acionistas subscritores. São considerados fundadores todos os subscritores. Encerrada a subscrição e subscrito o capital social, os fundadores convocarão a assembleia geral, a qual será instalada em primeira convocação, com a presença 50% + 1 do capital e em segunda qualquer número, conforme arts. 86, 87 e 88 da LSA. Veja o art. 88:

> *Art. 88. A constituição da companhia por subscrição particular do capital pode fazer-se por deliberação dos subscritores em assembleia-geral ou por escritura pública, considerando-se fundadores todos os subscritores.*
>
> *§ 1º Se a forma escolhida for a de assembleia-geral, observar-se-á o disposto nos arts. 86 e 87, devendo ser entregues à assembleia o projeto do estatuto, assinado em duplicata por todos os subscritores do capital, e as listas ou boletins de subscrição de todas as ações.*
>
> *§ 2º Preferida a escritura pública, será ela assinada por todos os subscritores, e conterá:*
> *a) a qualificação dos subscritores, nos termos do art. 85;*
> *b) o estatuto da companhia;*
> *c) a relação das ações tomadas pelos subscritores e a importância das entradas pagas;*
> *d) a transcrição do recibo do depósito referido no número III do art. 80;*
> *e) a transcrição do laudo de avaliação dos peritos, caso tenha havido subscrição do capital social em bens (art. 8°);*
> *f) a nomeação dos primeiros administradores e, quando for o caso, dos fiscais.*

Nome empresarial

A sociedade anônima deverá adotar como nome empresarial a denominação acrescida da expressão "companhia" ou "sociedade anônima", por extenso ou abreviada, mas vedada a utilização da primeira no final, conforme art. 3º da LSA:

> *Art. 3º A sociedade será designada por denominação acompanhada das expressões "companhia" ou "sociedade anônima", expressas por extenso ou abreviadamente mas vedada a utilização da primeira ao final.*
>
> *§ 1º O nome do fundador, acionista, ou pessoa que por qualquer outro modo tenha concorrido para o êxito da empresa, poderá figurar na denominação.*
>
> *§ 2º Se a denominação for idêntica ou semelhante a de companhia já existente, assistirá à prejudicada o direito de requerer a modificação, por via administrativa (artigo 97) ou em juízo, e demandar as perdas e danos resultantes.*

Ações

Ações são espécies de valores mobiliários representativos de um capital social que dão ao seu titular a condição de acionista, gerando para eles direitos e obrigações.

Classificação das ações

As ações são classificadas quanto à natureza e a forma.

Quanto à natureza:

a) Ordinárias – dão o direito comum a qualquer acionista, ou seja, garantem o direito de voto nas assembleias. Não dão aos seus titulares nenhuma vantagem ou restrição. As ações ordinárias de uma companhia fechada poderão ser divididas em classe, conforme art. 16 da LSA.

b) Preferenciais – dão uma certa vantagem ou restrição em relação as ações ordinárias. A vantagem diz respeito a distribuição dos dividendos, já a restrição diz respeito ao direito de voto, uma vez que as ações preferenciais poderão ou não atribuir ao acionista o direito de voto.

c) Fruição – são utilizadas para a amortização das ações ordinárias e preferenciais.

Quanto à forma:

a) Nominativas – são ações onde identificamos o seu titular e o registramos em livro próprio da companhia.

b) Escriturais – não apresentam corporificação, sendo mantidas a guarda de uma instituição financeira, comprovadas por extratos.

Ações ao portador e endossáveis

As ações ao portador e endossáveis foram abolidas do direito brasileiro nos anos 90 com o plano Collor para evitar a lavagem de dinheiro.

Principais valores mobiliários

Os valores mobiliários segundo nosso entendimento (coleção para aprender Direito) representam uma forma de captação de recursos no mercado de capitais, com a finalidade de atrair novos investidores para o financiamento da atividade desenvolvida pela companhia.

Além das ações são valores mobiliários:

a) Debêntures – a lei não definiu o que seriam as debêntures. Atualmente são considerados valores mobiliários utilizados pela companhia para captar recursos, representando para seus possuidores uma modalidade de investimento, porém a longo prazo, uma vez que são resgatáveis entre 8 (oito) a 10 (dez) anos. As debêntures possuem garantia ou não, tudo vai depender da vontade da sociedade.

b) Commercial paper's – são idênticos às debêntures, ou seja, são valores mobiliários utilizados pela companhia para captar recursos, representando para seus possuidores uma modalidade de investimento, porém, a curto prazo, uma vez que são resgatáveis entre 30 (trinta) a 180 (cento e oitenta) dias.

c) Bônus de subscrição – são espécies de valores mobiliários utilizados pela companhia para um futuro aumento de capital, representando para seus possuidores uma modalidade de investimento, porém, a médio prazo, uma vez que são resgatáveis entre 2 (dois) a 3 (três) anos.

d) Partes beneficiárias – são valores mobiliários, estranhos ao capital social e são valor nominal que conferem aos seus titulares direito de crédito eventual na participação dos lucros da companhia emissora. Essa modalidade de valor mobiliário só pode ser utilizado por companhias fechadas, as quais poderão comprometer até 10% (dez por cento) dos seus lucros.

ACIONISTA

Acionista é o titular de uma ação de uma companhia. Sua principal obrigação consiste na integralização do capital social, sob pena de ser considerado remisso, conforme arts. 106 e 107 da LSA:

> *Art. 106. O acionista é obrigado a realizar, nas condições previstas no estatuto ou no boletim de subscrição, a prestação correspondente às ações subscritas ou adquiridas.*

§ 1° Se o estatuto e o boletim forem omissos quanto ao montante da prestação e ao prazo ou data do pagamento, caberá aos órgãos da administração efetuar chamada, mediante avisos publicados na imprensa, por 3 (três) vezes, no mínimo, fixando prazo, não inferior a 30 (trinta) dias, para o pagamento.

§ 2° O acionista que não fizer o pagamento nas condições previstas no estatuto ou boletim, ou na chamada, ficará de pleno direito constituído em mora, sujeitando-se ao pagamento dos juros, da correção monetária e da multa que o estatuto determinar, esta não superior a 10% (dez por cento) do valor da prestação.

Art. 107. Verificada a mora do acionista, a companhia pode, à sua escolha:
I - promover contra o acionista, e os que com ele forem solidariamente responsáveis (art. 108), processo de execução para cobrar as importâncias devidas, servindo o boletim de subscrição e o aviso de chamada como título extrajudicial nos termos do Código de Processo Civil; ou
II - mandar vender as ações em Bolsa de Valores, por conta e risco do acionista.

§ 1º Será havida como não escrita, relativamente à companhia, qualquer estipulação do estatuto ou do boletim de subscrição que exclua ou limite o exercício da opção prevista neste artigo, mas o subscritor de boa-fé terá ação, contra os responsáveis pela estipulação, para haver perdas e danos sofridos, sem prejuízo da responsabilidade penal que no caso couber.

§ 2º A venda será feita em leilão especial na Bolsa de Valores do lugar da sede social, ou, se não houver, na mais próxima, depois de publicado aviso, por 3 (três)

vezes, com antecedência mínima de 3 (três) dias. Do produto da venda serão deduzidos as despesas com a operação e, se previsto no estatuto, os juros, correção monetária e multa, ficando o saldo à disposição do ex-acionista, na sede da sociedade.

§ 3º É facultado à companhia, mesmo após iniciada a cobrança judicial, mandar vender a ação em Bolsa de Valores; a companhia poderá também promover a cobrança judicial se as ações oferecidas em Bolsa não encontrarem tomador, ou se o preço apurado não bastar para pagar os débitos do acionista.

§ 4º Se a companhia não conseguir, por qualquer dos meios previstos neste artigo, a integralização das ações, poderá declará-las caducas e fazer suas as entradas realizadas, integralizando-as com lucros ou reservas, exceto a legal; se não tiver lucros e reservas suficientes, terá o prazo de 1 (um) ano para colocar as ações caídas em comisso, findo o qual, não tendo sido encontrado comprador, a assembleia-geral deliberará sobre a redução do capital em importância correspondente.

ACIONISTA CONTROLADOR

Acionista controlador é a pessoa física ou jurídica detentora da maioria do capital votante da companhia, conforme art. 116 da LSA ele será:

a) é titular de direitos de sócio que lhe assegurem, de modo permanente, a maioria dos votos nas deliberações da assembleia-geral e o poder de eleger a maioria dos administradores da companhia; e

b) usa efetivamente seu poder para dirigir as atividades sociais e orientar o funcionamento dos órgãos da companhia.

Para Facilitar o Direito

RESPONSABILIDADE DO ACIONISTA CONTROLADOR

O acionista controlador possui as mesmas responsabilidades que os demais acionistas. Vale dizer, somente poderá ser responsabilizado por dívidas sociais se exceder os poderes atribuídos pelo estatuto.

Segundo o art. 117 da LSA constituem excesso de poderes:

São modalidades de exercício abusivo de poder:

a) orientar a companhia para fim estranho ao objeto social ou lesivo ao interesse nacional, ou levá-la a favorecer outra sociedade, brasileira ou estrangeira, em prejuízo da participação dos acionistas minoritários nos lucros ou no acervo da companhia, ou da economia nacional;

b) promover a liquidação de companhia próspera, ou a transformação, incorporação, fusão ou cisão da companhia, com o fim de obter, para si ou para outrem, vantagem indevida, em prejuízo dos demais acionistas, dos que trabalham na empresa ou dos investidores em valores mobiliários emitidos pela companhia;

c) promover alteração estatutária, emissão de valores mobiliários ou adoção de políticas ou decisões que não tenham por fim o interesse da companhia e visem a causar prejuízo a acionistas minoritários, aos que trabalham na empresa ou aos investidores em valores mobiliários emitidos pela companhia;

d) eleger administrador ou fiscal que sabe inapto, moral ou tecnicamente;

e) induzir, ou tentar induzir, administrador ou fiscal a praticar ato ilegal, ou, descumprindo seus deveres definidos nesta Lei e no estatuto, promover, contra o interesse da companhia, sua ratificação pela assembleia-geral;

f) contratar com a companhia, diretamente ou através de outrem, ou de sociedade na qual tenha interesse, em condições de favorecimento ou não equitativas;

Direito Comercial

g) aprovar ou fazer aprovar contas irregulares de administradores, por favorecimento pessoal, ou deixar de apurar denúncia que saiba ou devesse saber procedente, ou que justifique fundada suspeita de irregularidade.

h) subscrever ações, para os fins do disposto no art. 170, com a realização em bens estranhos ao objeto social da companhia. (Informação incluída pela Lei nº 9.457, de 1997)

Dividendo

Dividendo consiste na parcela dos lucros a serem distribuídos pela companhia ao acionista.

Órgãos da sociedade anônima

São órgãos da sociedade anônima:

a) Assembleia;
b) Diretoria;
c) Conselho de Administração;
d) Conselho Fiscal.

Assembleia Geral

A assembleia geral é o órgão máximo deliberativo de uma companhia. Sua competência privativa compreende (LSA, art. 122):

I - reformar o estatuto social;

II - eleger ou destituir, a qualquer tempo, os administradores e fiscais da companhia, ressalvado o disposto no inciso II do art. 142;

III - tomar, anualmente, as contas dos administradores e deliberar sobre as demonstrações financeiras por eles apresentadas;

IV - autorizar a emissão de debêntures, ressalvado o disposto no § 1º do art. 59;

V - suspender o exercício dos direitos do acionista (art. 120);

VI - deliberar sobre a avaliação de bens com que o acionista concorrer para a formação do capital social;

VII - autorizar a emissão de partes beneficiárias;

VIII - deliberar sobre transformação, fusão, incorporação e cisão da companhia, sua dissolução e liquidação, eleger e destituir liquidantes e julgar-lhes as contas; e

IX - autorizar os administradores a confessar falência e pedir concordata (recuperação).

Competência para convocação da assembleia

A assembleia deve ser convocada pelo Conselho de Administração, quando existente ou dos diretores. A assembleia também poderá ser convocada (LSA, art. 123):

a) pelo conselho fiscal, nos casos previstos no número V, do art. 163;

b) por qualquer acionista, quando os administradores retardarem, por mais de 60 (sessenta) dias, a convocação nos casos previstos em lei ou no estatuto;

c) por acionistas que representem cinco por cento, no mínimo, do capital social, quando os administradores não atenderem, no prazo de oito dias, a pedido de convocação que apresentarem, devidamente fundamentado, com indicação das matérias a serem tratadas;

d) por acionistas que representem cinco por cento, no mínimo, do capital votante, ou cinco por cento, no mínimo, dos acionistas sem direito a voto, quando os administradores não atenderem, no prazo de oito dias, a pedido de convocação de assembleia para instalação do conselho fiscal. (Incluída pela Lei nº 9.457, de 1997)

Formalidades da assembleia geral

O edital de convocação da assembleia deve ser publicado na imprensa oficial e em jornal de grande circulação, por no mínimo,

3 (três) vezes. Em se tratando de companhia aberta a primeira publicação deve se dar com 15 (quinze) dias de antecedência e 8 (oito) dias para as demais.

Tratando-se de companhia fechada a primeira publicação deve se dar com 8 (oito) dias de antecedência e de 5 (cinco) para as demais.

Alguns doutrinadores são favoráveis a dispensa das formalidades de convocação. Alegam que ao invés de publicar edital a pessoa encarregada da convocação poderá notificar todos os acionistas da realização da assembleia. Nesta hipótese, a notificação dispensa o edital.

Todavia, não compartilhamos o mesmo entendimento. A assembleia não envolve apenas interesses de acionistas. Ao contrário, ela envolve também interesse de terceiros. Assim, dispensar as formalidades seria deixar de dar publicidade a convocação o que poderá acarretar prejuízo para terceiros. Para nós as formalidades de convocação não podem ser dispensadas.

ESPÉCIES DE ASSEMBLEIA

Existem na sociedade anônima 2 (duas) espécies de assembleia: a AGO – assembleia geral ordinária, a qual deve ser instalada uma vez por ano, nos 4 (quatro) primeiros meses ao término de cada exercício e a AGE – assembleia geral extraordinária, a qual pode ser instalada a qualquer momento.

Segundo o art. 132 da LSA, compreende a competência da AGO:

I - tomar as contas dos administradores, examinar, discutir e votar as demonstrações financeiras;

II - deliberar sobre a destinação do lucro líquido do exercício e a distribuição de dividendos;

III - eleger os administradores e os membros do conselho fiscal, quando for o caso;

IV - aprovar a correção da expressão monetária do capital social (art. 167).

Quorum de instalação

A assembleia instala-se em primeira convocação com ¼ do capital votante e em segunda convocação com qualquer número.

Quorum de deliberação

Via de regra será o de maioria absoluta, exceto quando a lei exigir quorum qualificado, como é o caso dos arts. 136 e 129 da LSA.

Diretoria

É um órgão executivo composto por, no mínimo, 2 (dois) membros, acionistas ou não, eleitos pelo Conselho de Administração, se existente, ou pela assembleia geral. Sua principal função consiste em representar a companhia.

Conselho de Administração

É um órgão deliberativo composto por, no mínimo, 3 (três) membros, somente acionistas, eleitos pela assembleia geral. Sua função consiste em (LSA, art. 142):

I - fixar a orientação geral dos negócios da companhia;

II - eleger e destituir os diretores da companhia e fixar-lhes as atribuições, observado o que a respeito dispuser o estatuto;

III - fiscalizar a gestão dos diretores, examinar, a qualquer tempo, os livros e papéis da companhia, solicitar informações sobre contratos celebrados ou em via de celebração, e quaisquer outros atos;

IV - convocar a assembleia-geral quando julgar conveniente, ou no caso do art. 132;

V - manifestar-se sobre o relatório da administração e as contas da diretoria;

VI - manifestar-se previamente sobre atos ou contratos, quando o estatuto assim o exigir;

VII - deliberar, quando autorizado pelo estatuto, sobre a emissão de ações ou de bônus de subscrição;

VIII - autorizar, se o estatuto não dispuser em contrário, a alienação de bens do ativo permanente, a constituição de ônus reais e a prestação de garantias a obrigações de terceiros;

VIII - autorizar, se o estatuto não dispuser em contrário, a alienação de bens do ativo não-circulante, a constituição de ônus reais e a prestação de garantias a obrigações de terceiros;

IX - escolher e destituir os auditores independentes, se houver.

LEMBRE-SE, que o Conselho de Administração será um órgão obrigatório na companhia aberta, de economia mista e de capital autorizado.

ADMINISTRADORES

São inseridos como administradores também os membros da Diretoria e do Conselho Fiscal. Devem ser pessoas físicas residentes no país e não legalmente impedidas, conforme art. 147, §1º da LSA.

DEVERES DOS ADMINISTRADORES

São deveres dos administradores:

a) Diligência – art. 153 da LSA;
b) Lealdade – art. 155 da LSA;
c) Informação – art. 157 da LSA.

RESPONSABILIDADES DOS ADMINISTRADORES

Assim como na sociedade limitada, os administradores de sociedade anônima não são responsáveis pelas obrigações contratadas em nome da sociedade, salvo se incorrer em dolo, culpa, excesso de mandato ou prática de ato ilícito (LSA, art. 158).

A ação de responsabilização deve ser proposta pela companhia, mediante prévia deliberação na assembleia, conforme art. 159 da LSA:

> *Art. 159. Compete à companhia, mediante prévia deliberação da assembleia-geral, a ação de responsabilidade civil contra o administrador, pelos prejuízos causados ao seu patrimônio.*
>
> *§ 1º A deliberação poderá ser tomada em assembleia-geral ordinária e, se prevista na ordem do dia, ou for consequência direta de assunto nela incluído, em assembleia-geral extraordinária.*
>
> *§ 2º O administrador ou administradores contra os quais deva ser proposta ação ficarão impedidos e deverão ser substituídos na mesma assembleia.*
>
> *§ 3º Qualquer acionista poderá promover a ação, se não for proposta no prazo de 3 (três) meses da deliberação da assembleia-geral.*
>
> *§ 4º Se a assembleia deliberar não promover a ação, poderá ela ser proposta por acionistas que representem 5% (cinco por cento), pelo menos, do capital social.*
>
> *§ 5º Os resultados da ação promovida por acionista deferem-se à companhia, mas esta deverá indenizá-lo, até o limite daqueles resultados, de todas as despesas em que tiver incorrido, inclusive correção monetária e juros dos dispêndios realizados.*
>
> *§ 6º O juiz poderá reconhecer a exclusão da responsabilidade do administrador, se convencido de que este agiu de boa-fé e visando ao interesse da companhia.*

§ 7º A ação prevista neste artigo não exclui a que couber ao acionista ou terceiro diretamente prejudicado por ato de administrador.

CONSELHO FISCAL

É um órgão de existência obrigatória, porém de funcionamento facultativo. Será composto por, no mínimo, 3 (três) membros e no máximo 5 (cinco) acionistas ou não, desde que não legalmente impedidos.

Por ser um órgão de assessoramento exige que seus membros sejam pessoas altamente qualificadas. Veja o que diz o art. 162 da LSA:

> *Art. 162. Somente podem ser eleitas para o Conselho Fiscal pessoas naturais, residentes no País, diplomadas em curso de nível universitário, ou que tenham exercido por prazo mínimo de 3 (três) anos, cargo de administrador de empresa ou de conselheiro fiscal.*
>
> *§ 1º Nas localidades em que não houver pessoas habilitadas, em número suficiente, para o exercício da função, caberá ao juiz dispensar a companhia da satisfação dos requisitos estabelecidos neste artigo.*
>
> *§ 2º Não podem ser eleitos para o Conselho Fiscal, além das pessoas enumeradas nos parágrafos do art. 147, membros de órgãos de administração e empregados da companhia ou de sociedade controlada ou do mesmo grupo, e o cônjuge ou parente, até terceiro grau, de administrador da companhia.*
>
> *§ 3º A remuneração dos membros do Conselho Fiscal, além do reembolso, obrigatório, das despesas de locomoção e estada necessárias ao desempenho da*

função, será fixada pela assembleia-geral que os eleger, e não poderá ser inferior, para cada membro em exercício, a dez por cento da que, em média, for atribuída a cada diretor, não computados benefícios, verbas de representação e participação nos lucros.

Dentre as inúmeras funções do Conselho Fiscal temos (LSA, art. 163):

I - fiscalizar, por qualquer de seus membros, os atos dos administradores e verificar o cumprimento dos seus deveres legais e estatutários;

II - opinar sobre o relatório anual da administração, fazendo constar do seu parecer as informações complementares que julgar necessárias ou úteis à deliberação da assembleia-geral;

III - opinar sobre as propostas dos órgãos da administração, a serem submetidas à assembleia-geral, relativas à modificação do capital social, emissão de debêntures ou bônus de subscrição, planos de investimento ou orçamentos de capital, distribuição de dividendos, transformação, incorporação, fusão ou cisão;

IV - denunciar, por qualquer de seus membros, aos órgãos de administração e, se estes não tomarem as providências necessárias para a proteção dos interesses da companhia, à assembleia-geral, os erros, fraudes ou crimes que descobrirem, e sugerir providências úteis à companhia;

V - convocar a assembleia-geral ordinária, se os órgãos da administração retardarem por mais de 1 (um) mês essa convocação, e a extraordinária, sempre que ocorrerem motivos graves ou urgentes, incluindo na agenda das assembleias as matérias que considerarem necessárias;

VI - analisar, ao menos trimestralmente, o balancete e demais demonstrações financeiras elaboradas periodicamente pela companhia;

VII - examinar as demonstrações financeiras de exercício social e sobre elas opinar;

VIII - exercer essas atribuições, durante a liquidação, tendo em vista as disposições especiais que a regulam.

Direito Comercial

Demonstrações financeiras

Por tratar-se de sociedade de grande porte a companhia deverá fazer algumas demonstrações financeiras específicas, dentre elas (LSA, art. 176):

a) Balanço patrimonial;
b) Demonstração dos resultados;
c) Demonstração dos lucros ou prejuízos acumulados;
d) Demonstração das origens e aplicações de recursos.

DISSOLUÇÃO, LIQUIDAÇÃO

E EXTINÇÃO

Dissolução

É o ato pelo qual os acionistas iniciam o fim da sociedade. De acordo com o art. 206, a companhia dissolve-se:

- De Pleno Direito – pelo término do prazo de duração, nos casos previstos no estatuto, por deliberação em assembleia geral, pela inexistência de um único acionista, verificada em assembleia geral ordinária, se o mínimo de dois não for reconstituído até a assembleia seguinte e pela extinção, na forma da lei, da autorização para funcionar.
- Por decisão judicial – quando anulada sua constituição, em ação proposta por qualquer acionista, quando provado que não pode preencher seu fim, em ação proposta por acionista que representem 5% ou mais do capital, em caso de falência e por decisão de autoridade administrativa competente, nos casos e na forma previstos em lei especial.

Liquidação

Liquidação consiste na realização do ativo para pagamento do passivo. A liquidação se dá por intermédio de um liquidante, conforme art. 208 da LSA.

Extinção

Consiste no fim da pessoa jurídica e poderá ocorrer (LSA, art. 219):

a) Pelo encerramento da liquidação;
b) Pela incorporação ou fusão e pela cisão com versão de todo o patrimônio para outras sociedades.

Sociedade em Comandita por Ações

A sociedade em comandita por ações sujeita-se as normas atinentes a sociedade anônima, aplicando, ainda os arts. 1.090 a 1.092 do CC, conforme art. 1.090:

> **Art. 1.090. A sociedade em comandita por ações tem o capital dividido em ações, regendo-se pelas normas relativas à sociedade anônima, sem prejuízo das modificações constantes deste Capítulo, e opera sob firma ou denominação.**

A sociedade em comandita por ações é a sociedade cujo o capital é dividido em ações. Ela é semelhante a uma sociedade anônima, mas com esta não se confunde, uma vez que os acionistas diretores responderão de forma subsidiária e ilimitada pelas obrigações sociais.

A solidariedade que diz o Código Civil é entre os diretores. Eles perante terceiros responderão subsidiariamente, vale dizer, primeiro os credores deverão cobrar as dívidas sociais da sociedade. Não sendo possível a satisfação total da dívida por parte da sociedade, os acionistas responderão pelo que faltar de forma subsidiária, mas solidária entre eles. Veja o que diz o art. 1.091:

> *Art. 1.091. Somente o acionista tem qualidade para administrar a sociedade e, como diretor, responde subsidiária e ilimitadamente pelas obrigações da sociedade.*
>
> *§ 1º Se houver mais de um diretor, serão solidariamente responsáveis, depois de esgotados os bens sociais.*
>
> *§ 2º Os diretores serão nomeados no ato constitutivo da sociedade, sem limitação de tempo, e somente poderão ser destituídos por deliberação de acionistas que representem no mínimo dois terços do capital social.*
>
> *§ 3º O diretor destituído ou exonerado continua, durante dois anos, responsável pelas obrigações sociais contraídas sob sua administração.*

SOCIEDADES COLIGADAS

São sociedades coligadas as sociedades que, em suas relações de capital sejam controladas, filiadas ou de simples participação em outras sociedades, conforme art. 1.097 do CC.

SOCIEDADE CONTROLADA

É controlada a sociedade de cujo capital outra sociedade possua a maioria dos votos nas deliberações dos quotistas ou da assembleia geral e o poder de eleger a maioria dos administradores, conforme art. 2.098 do CC.

A sociedade cujo controle, referido no inciso antecedente, esteja em poder de outra, mediante ações ou quotas possuídas por sociedades ou sociedades por esta já controladas.

Para Facilitar o Direito

Sociedade Filiada

Diz-se coligada ou filiada a sociedade de cujo capital outra sociedade participa com dez por cento ou mais, do capital da outra, sem controlá-la, conforme art. 1.099 do CC.

Sociedade de simples participação

Considera-se de simples participação a sociedade de cujo capital outra sociedade possua menos de dez por cento do capital com direito de voto, conforme art. 1.100 do CC.

Sociedades autorizadas

Segundo o Código Civil a sociedade que dependa de autorização do Poder Executivo para funcionar é chamada de sociedade autorizada e encontra-se prevista nos arts. 1.123 e seguintes do CC:

> *Art. 1.123. A sociedade que dependa de autorização do Poder Executivo para funcionar reger-se-á por este título, sem prejuízo do disposto em lei especial.*
>
> *Parágrafo único. A competência para a autorização será sempre do Poder Executivo federal.*

Dentre as sociedades que dependem de autorização para funcionar temos as instituições financeiras, as empresas de seguro, de transportes aéreos, estrangeiras etc., uma vez que exploram atividade de interesse público, colocando em risco a ordem econômica do país.

Na falta de prazo estipulado em lei ou em ato do poder público, a autorização para funcionar será considerada caduca caso a sociedade não entre em funcionamento no prazo de 12 (doze) meses seguintes a publicação da autorização, conforme art. 1.124 do CC:

106

> *Art. 1.124. Na falta de prazo estipulado em lei ou em ato do poder público, será considerada caduca a autorização se a sociedade não entrar em funcionamento nos doze meses seguintes à respectiva publicação.*

A autorização para funcionar poderá ser cassada a qualquer momento por ato do Poder Executivo, toda vez que a empresa violar a ordem pública interna do país ou praticar atos contrários aos previstos no estatuto social, conforme art. 1.125 do CC:

> *Art. 1.125. Ao Poder Executivo é facultado, a qualquer tempo, cassar a autorização concedida a sociedade nacional ou estrangeira que infringir disposição de ordem pública ou praticar atos contrários aos fins declarados no seu estatuto.*

TÍTULOS DE CRÉDITO

Conceito

Segundo Cesare Vivante título de crédito é um documento que representa um direito de crédito literal e autônomo.

Características

De acordo com o citado autor italiano, são as seguintes características dos títulos de crédito:

a) Literalidade – vale o que nele estiver escrito;
b) Cartularidade – é representado por uma cártula, ou seja, por um papel;
c) Autonomia – cada obrigação assumida no título de crédito é sempre autônoma, vale dizer, o terceiro de boa-fé deve ser sempre preservado.

Para Rubens Requião, da definição elucidada por Vivante, podemos abstrair ainda mais 2 (dois) elementos:

a) Independência – os títulos de crédito não se vinculam a nenhum documento;

b) Abstração – ocorre toda a vez que o título for posto em circulação, ou seja, o título se desvincula da relação original, como é o caso do endosso.

CLASSIFICAÇÃO

Os títulos são classificados da seguinte maneira e forma:

a) Quanto ao modelo – livre e vinculado. No primeiro não há um padrão definido para sua confecção, como é o caso da nota promissória e da letra de câmbio. Já no segundo caso, o título apresenta um modelo de confecção vinculado, como é o caso do cheque e da duplicata;

b) Quanto à estrutura – promessa de pagamento e ordem de pagamento. O título será promessa de pagamento toda vez que do seu saque nascerem 2 (duas) relações jurídicas: Sacador – emitente e Tomador – beneficiário. Será, por sua vez, ordem de pagamento, quando do seu saque nascerem 3 (três) relações jurídicas: Sacador – pessoa que dá à ordem; Sacado – pessoa que recebe à ordem e Tomador – beneficiário da ordem;

c) Quanto à emissão – não causais e causais. Será considerado não causal quando sua emissão não estiver vinculada a nenhuma relação jurídica própria, como é o caso do cheque e da nota promissória. Será, entretanto, causal, quando estiver vinculada a uma relação jurídica própria, como é o caso da duplicata. Nota-se que a duplicata está sempre vinculada a uma compra e venda mercantil ou a uma prestação de serviço;

d) Quanto à circulação – ao portador e nominativos. O título ao portador é aquele título onde não identificamos o seu beneficiário, encontrando-se praticamente abolido do Direito Brasileiro após o Plano Collor. Assim, nenhum título de crédito poderá ser ao portador, salvo o cheque inferior a R$ 100,00 (cem reais). Será, ademais, nominativo toda vez que identificamos o beneficiário do crédito.

CLASSIFICAÇÃO SEGUNDO O CÓDIGO CIVIL

Os títulos de crédito encontram-se previstos no Código Civil em seus arts. 887 a 926. Na verdade, o Código Civil representa uma norma geral no que tange ao Direito Cambiário, não revogando as legislações especiais. Assim, diante de um cheque aplicaremos a lei do cheque e não o Código Civil.

Na verdade, quando muito aplicaremos o Código Civil de forma subsidiária, ou seja, quando a lei especial for omissa aplicar-se o referido Código ou aplicar-se o mesmo diploma legal quando se tratar de títulos inominados.

Seja como for, o Código Civil classifica os títulos da seguinte forma:

a) Ao portador – não identifica-se o beneficiário, operando-se pela simples tradição;
b) Nominativo – quando da sua emissão identificamos o beneficiário;
c) À ordem – passível de endosso.

LETRA DE CÂMBIO

A letra de câmbio encontra-se prevista pelo decreto n.º 57.663/66 e parcialmente pelo Decreto n.º 2.044/08 (Lei Uniforme – LU).

A letra de câmbio é uma ordem de pagamento onde o sacador se dirige ao sacado para que este pague determinada quantia ao tomador. Nessa esteira caminha Rubens Requião.

Do conceito da letra de câmbio podemos extrair 3 (três) relações jurídicas:

a) Sacador – pessoa que dá à ordem;
b) Sacado – pessoa que recebe à ordem;
c) Tomador – beneficiário da ordem.

Para que a letra de câmbio possa produzir efeitos como tal deverá preencher os requisitos previstos no art. 1º da LU:

I – a denominação "Letra de Câmbio" inserida no próprio texto ou expressa na língua empregada em sua redação;
II – a ordem de pagar determinada quantia;
III - O nome da pessoa que deve pagar (sacado);
IV – a época do pagamento;
V – o nome da pessoa a quem ou à ordem deve ser paga (tomador);
VI – a indicação da data e do lugar em que a letra é passada;
VII – a assinatura de quem passa a letra (sacador).

Alguns requisitos não são essenciais para a validade da Letra de Câmbio. São eles:

I – o prazo de vencimento;
II – a indicação do lugar designado ao lado do nome do sacado;
III – a falta de indicação do lugar onde foi passada.

Aceite

Aceite é o ato cambial pelo qual o sacado reconhece a ordem e se torna principal devedor. Lembre-se, contudo, que em se tratando de letra de câmbio o sacado não é obrigado a aceitar a ordem, vale dizer, o aceite na letra é sempre facultativo.

Entretanto, se o sacado aceitar a ordem ele se tornará, como já comentado, principal devedor, conforme art. 28 do decreto 57.663/66:

> *O sacado obriga-se pelo aceite a pagar a letra à data do vencimento*

O aceite será dado na própria letra, sendo exteriorizado pela palavra "aceite" ou outra equivalente. O aceite será puro e simples, podendo o sacado limitar o aceite a uma parte da importância. Neste caso temos o aceite limitativo, conforme arts. 25 e 26 da LU.

FALTA OU RECUSA DO ACEITE

Como já comentado o aceite na letra de câmbio é sempre facultativo. A letra quando não recebida sujeita as normas gerais sobre obrigações civis; quando aceite, sujeita-se ao Direito Cambiário.

ENDOSSO

É ato cambial pelo qual o credor de um título de crédito transfere seus direitos a uma terceira pessoa.

Todos os títulos de crédito são passíveis de endosso. Em caso de dúvida, basta o credor procurar a cláusula "à ordem", que pode ser expressa ou tácita. Se, por outro lado, o credor encontrar a cláusula "não à ordem" não poderá endossar a letra, mas isso não significa dizer que esta não poderá circular.

Quando inserida na letra a cláusula "não à ordem" ela é transferível por cessão civil de crédito e não por endosso. A cessão civil de crédito não se confunde com o endosso, pois este no ato da transferência transfere o título e gera a coobrigação, ao passo que a cessão civil, transfere o título, mas não gera coobrigação.

Retomando ao endosso. Quando uma pessoa transfere o título de crédito nascem 2 (duas) relações:

a) Endossante – pessoa que transfere;
b) Endossatário – pessoa que recebe.

Como já comentado o endosso transfere o título e gera a coobrigação, conforme art. 15 da LU:

O endossante, salvo cláusula em contrário, é garante tanto da aceitação como do pagamento da letra.

O endosso pode proibir um novo endosso, e, neste caso, não garante o pagamento às pessoas a que a letra for posteriormente endossada.

Aval

É o ato cambial pelo qual o avalista garante o pagamento da letra em favor do avalizado. Assim, como o endosso, todos os títulos de crédito são passíveis do aval, uma vez que este representa uma simples garantia de pagamento.

Tipos de Aval

Ao contrário do endosso o aval pode ser total ou parcial. Lembre-se, é nulo o endosso parcial. Endosso, sempre total. Já com relação ao aval este poderá ser total ou parcial, vale dizer, uma pessoa poderá garantir toda a importância da letra ou apenas parte dela.

Oportuno citar, que o Código Civil de 2002 proibiu o aval parcial. Assim, quando a lei especial for omissa o aval só poderá ser total. A maioria das leis especiais preveem o aval parcial. Neste caso, a disposição contida no Código Civil torna-se inaplicável.

Diferença entre aval e fiança

Primeiramente cumpre ressaltar que o aval deriva de uma obrigação cambiária ao passo que a fiança surge de uma relação civil.

O aval ao contrário da fiança não prevê benefício de ordem, uma vez que a obrigação do avalista é solidária com a do avalizado. Já na fiança temos o benefício de ordem, ou seja, o fiador é responsável subsidiário. Outra diferença consiste em que a fiança é uma obrigação acessória, ao passo que o aval é uma obrigação autônoma.

Vencimento

Vencimento é o ato cambial pelo qual opera-se a exigibilidade do título de crédito, no caso, da letra de câmbio. Ele pode se dar da seguinte forma:

a) À vista – exigível no ato da apresentação;

b) A certo termo da data – o vencimento começa a contar da data de emissão;

c) A certo termo da vista – o vencimento começa a contar da data do aceite;

d) A dia certo – ocorre quando as partes estipulam um dia específico para o vencimento.

Por fim, a falta ou recusa de aceite, a falência do sacado e a falência do aceitante poderão dar ensejo ao vencimento antecipado da letra de câmbio.

PAGAMENTO

É o ato pelo qual se extingue uma obrigação. A letra deve ser apresentada para pagamento na data do seu vencimento. Se, contudo, o dia cair em feriado, o devedor deve pagá-la no primeiro dia útil seguinte.

PROTESTO

Segundo J. X. Carvalho de Mendonça, protesto é o ato formal e solene que representa o descumprimento de uma obrigação.

Hoje o protesto encontra-se regulado pela Lei 9.492/97, que em seu art. 1º o define:

> *Art. 1º. Protesto é o ato formal e solene pelo qual se prova a inadimplência e o descumprimento de obrigação originadas em títulos e outros documentos de dívida.*

O protesto, por sua vez, é dividido da seguinte forma:

a) Obrigatório – conserva o direito de regresso contra os coobrigados;

b) Facultativo – constitui o devedor em mora e interrompe o prazo prescricional.

Protesto dispensável

De acordo com a Lei Uniforme (LU) o protesto torna-se dispensável quando inserido na letra à cláusula "sem despesas". Essa cláusula faz com que mesmo sem ser protestado o título o credor possa cobrar o crédito de todos os coobrigados, ou seja, o credor poderá cobrar do sacador, endossante e seu avalista.

Para protesto

O prazo para protesto de uma letra de câmbio varia conforme a obrigação assumida, ou seja, o protesto pode se dar por falta de aceite ou por falta de pagamento.

a) Por falta de aceite – a letra deve ser entregue ao Cartório para protesto findo o prazo de apresentação para aceite ou no dia seguinte, se o sacado a recebeu para aceite;

b) Por falta de pagamento – a letra deve ser apresentada ao Cartório para protesto no prazo de 2 (dois) dias úteis após seu vencimento.

Prescrição

A letra prescreve:

a) Contra o aceitante e seu avalista, em três anos, a contar do vencimento;

b) Contra os endossantes e seus avalistas e contra o sacador, em um ano, a contar do protesto;

c) Dos endossantes uns contra os outros e contra o sacador, em seis meses, a contar do dia em que o endossante pagou a letra ou que ele próprio foi acionado.

Direito Comercial

Nota Promissória

Conceito

A nota promissória é uma promessa de pagamento feita por um devedor em favor de um credor. Quando da sua emissão nascem 2 (duas) relações jurídicas:

I - Emitente ou sacador – pessoa que promete pagar.

II – Beneficiário ou tomador – a pessoa credora.

Requisitos

Para que uma nota promissória possa ter validade como tal, ela deve preencher alguns requisitos, dentre eles: (LU, art. 75)

a) A denominação "nota promissória" inserida no próprio texto ou expressa na língua empregada em sua redação;
b) A promessa pura e simples de pagar determinada quantia;
c) O dia do vencimento;
d) A indicação do lugar em que se deve efetuar o pagamento;
e) O nome do beneficiário;
f) A indicação da data e do lugar em que a nota é passada;
g) A assinatura do emitente.

Alguns requisitos não são essenciais e podem ser completados depois da emissão da nota promissória:

a) Falta de vencimento – vence à vista;
b) Falta de indicação do lugar onde o título foi passado, considera-se lugar do pagamento e ao mesmo tempo o lugar do domicílio do emitente da nota;
c) Na falta de indicação do lugar onde a nota foi passada, entender-se-á como o lugar designado ao lado do nome do emitente.

Para Facilitar o Direito

Legislação aplicável à nota promissória

A legislação aplicável a nota promissória é a mesma da letra de câmbio com algumas reservas, pois a primeira é promessa de pagamento ao passo que a segundo é uma ordem de pagamento.

Assim, a nota promissória será passível de endosso total e de aval parcial ou total. Já com relação ao aceite a doutrina não é pacífica a este respeito. Tem doutrinador que diz que nota promissória não admite aceite, pois não é uma ordem de pagamento. Outros, por sua vez, dentre eles Fabio Ulhoa Coelho, Carvalho de Mendonça, Waldemar Ferreira e Fran Martins são favoráveis a aplicação do aceite na nota promissória em uma situação, ou seja, a nota será passível de aceite quando o prazo de vencimento começar a contar a partir do visto do subscritor.

Prescrição

O prazo prescricional da nota promissória será:

a) Contra o emitente e seu avalista, em 3 (três) anos, a contar do vencimento;
b) Contra os endossantes e seus avalistas, em 1 (um) ano, a contar do protesto;
c) Dos endossantes uns contra os outros e contra o emitente, em 6 (seis) meses, a contar do dia em que o endossante pagou a nota.

Cheque

O cheque encontra-se regulado pela Lei 7.357/85 (Lei do Cheque – LC), representando um dos títulos mais importantes para o Brasil em razão da sua aceitabilidade e em razão da facilidade da sua circulação.

Conceito

O cheque é uma ordem de pagamento à vista, emitido contra o sacado (banco) para que este pague a uma terceira pessoa (tomador). Assim, quando da sua emissão nascerão 3 (três) relações jurídicas:

a) Sacador – pessoa que dá à ordem;
b) Sacado – pessoa que recebe à ordem;
c) Tomador – beneficiário da ordem.

Requisitos

Para que um cheque possa produzir efeitos ele deve atender a alguns requisitos, dentre eles (LC, art. 1º):

I - a denominação "cheque" inscrita no contexto do título e expressa na língua em que este é redigido;
II - a ordem incondicional de pagar quantia determinada;
III - o nome do banco ou da instituição financeira que deve pagar (sacado);
IV - a indicação do lugar de pagamento;
V - a indicação da data e do lugar de emissão;
VI - a assinatura do emitente (sacador), ou de seu mandatário com poderes especiais.

Aceite

Embora o cheque seja uma ordem de pagamento ele não será passivo de aceite. Vale dizer, o cheque não admite o aceite. Veja o que diz o art. 6º LC:

Art . 6º. O cheque não admite aceite considerando-se não escrita qualquer declaração com esse sentido.

Endosso

Os títulos de crédito nasceram para circular e nesta condição são passiveis de endosso. Dessa forma, assim como a letra e a nota o cheque também será passível de endosso, pois apresenta a cláusula "à ordem" de forma expressa.

Quando, por outro lado, for destruída a cláusula "à ordem" o cheque é transferível do mesmo jeito, todavia, não por endosso, mas por cessão civil de crédito. Veja o que diz o art. 17 da LC:

> *Art.17 O cheque pagável a pessoa nomeada, com ou sem cláusula expressa " à ordem", é transmissível por via de endosso.*
>
> *§ 1º O cheque pagável a pessoa nomeada, com a cláusula "não à ordem", ou outra equivalente, só é transmissível pela forma e com os efeitos de cessão.*
>
> *§ 2º O endosso pode ser feito ao emitente, ou a outro obrigado, que podem novamente endossar o cheque.*

Ainda com relação ao endosso este deve ser puro e simples, sendo nulo o endosso parcial e do sacado. O endosso deve ser lançado no cheque ou em folha de alongamento devidamente assinados pelo endossante ou por seu procurador.

> *Art. 18. O endosso deve ser puro e simples, reputando-se não escrita qualquer condição a que seja subordinado.*
>
> *§ 1º São nulos o endosso parcial e o do sacado.*
>
> *§ 2º Vale como em branco o endosso ao portador. O endosso ao sacado vale apenas como quitação, salvo no caso de o sacado ter vários estabelecimentos e o endosso ser feito em favor de estabelecimento diverso daquele contra o qual o cheque foi emitido.*

Art. 19. O endosso deve ser lançado no, cheque ou na folha de alongamento e assinado pelo endossante, ou seu mandatário com poderes especiais.

§ 1º O endosso pode não designar o endossatário. Consistindo apenas na assinatura do endossante (endosso em branco), só é válido quando lançado no verso do cheque ou na folha de alongamento.

§ 2º A assinatura do endossante, ou a de seu mandatário com poderes especiais, pode ser constituída, na forma de legislação específica, por chancela mecânica, ou processo equivalente.

Art. 20. Se o endosso transmite todos os direitos resultantes do cheque. Se o endosso é em branco, pode o portador:

I - completá-lo com o seu nome ou com o de outra pessoa;
II - endossar novamente o cheque, em branco ou a outra pessoa;
III - transferir o cheque a um terceiro, sem completar o endosso e sem endossar.

AVAL

A quantia do cheque pode ser garantida por aval total ou parcial. Lembre-se, que embora não seja comum, a quantia do cheque pode ser garantida por aval, pois como já comentado, todos os títulos de crédito são passíveis de aval, conforme art. 29 da LC:

Art. 29. O pagamento do cheque pode ser garantido, no todo ou em parte, por aval prestado por terceiro, exceto o sacado, ou mesmo por signatário do título.

O aval é dado no cheque ou na folha de alongamento, exprimindo-se pela expressão "por aval" ou outra equivalente, com a assinatura do avalista aposta no anverso do cheque, salvo quando se tratar da assinatura do emitente.

O aval deve indicar a quem se dá. Na sua falta, considera-se avalizado o emitente. Lembre-se, ademais, que o aval acarreta uma obrigação solidária entre o avalista e o avalizado.

> **Art. 30. O aval é lançado no cheque ou na folha de alongamento. Exprime-se pelas palavras "por aval", ou fórmula equivalente, com a assinatura do avalista. Considera-se como resultante da simples assinatura do avalista, aposta no anverso do cheque, salvo quando se tratar da assinatura do emitente.**
>
> **Parágrafo único. O aval deve indicar o avalizado. Na falta de indicação, considera-se avalizado o emitente.**
>
> **Art. 31. O avalista se obriga da mesma maneira que o avalizado. Subsiste sua obrigação, ainda que nula a por ele garantida, salvo se a nulidade resultar de vício de forma.**
>
> **Parágrafo único - O avalista que paga o cheque adquire todos os direitos dele resultantes contra o avalizado e contra os obrigados para com este em virtude do cheque.**

MODALIDADES DE CHEQUE

a) Cheque visado – é aquele cheque em que o sacador (emitente) pede ao sacado (banco) para que lance a suficiência de fundos. Este cheque só pode ser emitido de forma nominativo e não endossável, conforme art. 7° da LC;

b) Cheque administrativo – é emitido pelo próprio sacado contra uma de suas agências. Na verdade cheque administrativo é aquele cheque onde sacador e sacado são a mesma pessoa.

Ele deve ser sempre emitido de forma nominativa, conforme art. 9º da LC;

c) Cheque cruzado – é aquele cheque que possui 2 (dois) traços transversais de modo a identificar o beneficiário (LC, art. 44). O cruzamento pode ser geral ou especial. Na primeira modalidade basta o simples lançamento de 2 (dois) traços transversais; na segunda modalidade além dos 2 (dois) traços transversais identifica-se o nº do Banco a ser depositado;

d) Cheque para se levar em conta – é aquele cheque onde o sacador identifica o beneficiário, a sua agência, conta e banco, proibindo o pagamento desse título em dinheiro, conforme art. 46 da LC.

PRAZO PARA APRESENTAÇÃO DO CHEQUE

O cheque deve ser apresentado ao banco para pagamento no prazo de 30 (trinta) dias a partir da emissão, quando emitido na mesma praça e de 60 (sessenta) dias, a partir da emissão, quando emitido em praça diversa.

Se por acaso o credor deixar de apresentar o cheque ao banco no prazo acima poderá fazê-lo depois, uma vez que o banco só não pode pagar cheque prescrito.

Nessa linha temos a jurisprudência do STF - Súmula 600 do STF

> *cabe ação executiva contra o emitente e seus avalistas, ainda que não apresentado o cheque ao sacado no prazo legal, desde que não prescrita a ação cambiária.*

O credor, no entanto, perderá o direito de crédito contra o emitente se este tinha fundos durante todo o prazo de apresentação e deixou de ter por fato alheio a sua vontade. Neste caso, como o credor perdeu o prazo de apresentação, ele também perdeu o direito ao crédito.

Sustação do cheque

A sustação do cheque pode se dar:

a) Por revogação ou contra ordem (LC, art. 35);
b) Oposição (LC, art. 36).

Prescrição

O cheque prescreve em 6 (seis) meses, contadas da expiração do prazo de apresentação, conforme art. 59 da LC:

> *Art. 59 Prescreve em 6 (seis) meses, contados da expiração do prazo de apresentação, a ação que o art. 47 desta Lei assegura ao portador.*

Duplicata

Atualmente encontra-se regulada pela Lei 5.474/68 (LD), sendo um título de exclusividade brasileira.

Conceito

Duplicata é uma ordem de pagamento que consiste em documentar um compra e venda mercantil ou uma prestação de serviço. Quando da sua emissão nascem 3 (três) relações jurídicas:

a) Sacador – pessoa que dá à ordem (vendedor);
b) Sacado – pessoa que recebe à ordem (comprador);
c) Tomador – pessoa que se beneficia da ordem (geralmente o sacador).

Requisitos

No ato da emissão da fatura, dela poderá ser extraída uma duplicata para circulação como efeito comercial, não sendo admitida qualquer outra espécie de título de crédito para documentar o saque do vendedor pela importância faturada ao comprador.

A duplicata conterá para ser válida:

I - a denominação "duplicata", a data de sua emissão e o número de ordem;
II - o número da fatura;
III - a data certa do vencimento ou a declaração de ser a duplicata à vista;
IV - o nome e domicílio do vendedor e do comprador;
V - a importância a pagar, em algarismos e por extenso;
VI - a praça de pagamento;
VII - a cláusula à ordem;
VIII - a declaração do reconhecimento de sua exatidão e da obrigação de pagá-la, a ser assinada pelo comprador, como aceite, cambial;
IX - a assinatura do emitente.

Aceite

O aceite na duplicata é sempre obrigatório. O prazo para remessa será de 30 (trinta) dias contados da emissão, quando emitida pelo próprio sacador. Se, emitida por intermédio de uma instituição financeira o prazo cai para 10 (dez) dias, contados da data de seu recebimento na praça de pagamento, conforme art. 6º da LD:

> *Art. 6º. A remessa de duplicata poderá ser feita diretamente pelo vendedor ou por seus representantes, por intermédio de instituições financeiras, procuradores ou correspondentes que se incumbam de apresentá-la ao comprador na praça ou no lugar de seu estabelecimento, podendo os intermediários devolvê-la, depois de assinada, ou conservá-la em seu poder até o momento do resgate, segundo as instruções de quem lhes cometeu o encargo.*

§ 1º O prazo para remessa da duplicata será de 30 (trinta) dias, contado da data de sua emissão.

§ 2º Se a remessa for feita por intermédio de representantes, instituições financeiras, procuradores ou correspondentes, estes deverão apresentar o título ao comprador dentro de 10 (dez) dias, contados da data de seu recebimento na praça de pagamento.

Por outro lado, o sacado comprador não é obrigado a aceitar a duplicata (LD, art. 8º):

I - avaria ou não-recebimento das mercadorias, quando não expedidas ou não entregues por sua conta e risco;
II - vícios, defeitos e diferenças na qualidade ou na quantidade das mercadorias, devidamente comprovados;
III - divergência nos prazos ou nos preços ajustados.

TRIPLICATA

A triplicata não representa um título novo. Ela corresponde a uma 2ª via da duplicata e pode ser emitida em caso de perda ou extravio da duplicata, conforme art. 23 da LD:

Art. 23. A perda ou extravio da duplicata obrigará o vendedor a extrair triplicata, que terá os mesmos efeitos e requisitos e obedecerá às mesmas formalidades daquela.

Art. 24. Da duplicata poderão constar outras indicações, desde que não alterem sua feição característica.

Art. 25. Aplicam-se à duplicata e à triplicata, no que couber, os dispositivos da legislação sobre emissão, circulação e pagamento das Letras de Câmbio.

ENDOSSO

Assim como os demais títulos de crédito a duplicata pode ser endossada. Lembre-se que o endosso produz, via de regra, 2 (dois) efeitos:

a) Transfere o título de crédito;
b) Gera coobrigação.

AVAL

O pagamento da duplicata pode ser garantido por aval, assim, como os demais títulos de crédito. O aval, como já comentado, representa uma garantia prestada pelo avalista em favor do avalizado, gerando entre eles uma obrigação autônoma. Veja o que diz o art. 12 da LD:

> *Art. 12. O pagamento da duplicata poderá ser assegurado por aval, sendo o avalista equiparado àquele cujo nome indicar; na falta da indicação, àquele abaixo de cuja firma lançar a sua; fora desses casos, ao comprador.*
>
> *Parágrafo único. O aval dado posteriormente ao vencimento do título produzirá os mesmos efeitos que o prestado anteriormente àquela ocorrência.*

PRAZO PARA PROTESTO

A duplicata deve ser entregue a Cartório para protesto no prazo de 30 (trinta) dias contados da data de seu vencimento. A duplicata é protestável por falta de aceite, devolução ou pagamento.

O portador que não tirar o protesto da duplicata de forma regular e dentro do referido prazo, perderá o direito de regresso contra os endossantes e seus avalistas, ou seja, contra os coobrigados, conforme LD, art. 13, § 4º.

Prescrição

A cobrança da duplicata prescreve:

a) Contra o sacado e seus avalistas, em 3 (três) anos, a contar do vencimento;
b) Contra os endossantes e seus avalistas e contra o sacador, em 1 (um) ano, a contar do protesto;
c) Dos endossantes uns contra os outros e contra o sacador, e 1 (um) ano, a contar do dia em que o endossante pagou a letra ou que ele próprio foi acionado.

CONTRATOS

Disposição geral

Com relação aos contratos empresariais nos limitaremos a comentar os contratos específicos, uma vez que com a incorporação do Direito Comercial pelo Direito Civil a maioria dos contratos são comentados sob a visão do Direito Civil, como é o caso da compra e venda, do mandato, da comissão, da troca etc.

Representação Comercial autônoma

O contrato de representação comercial autônoma é regulado pela Lei 4.886/65, com as devidas alterações introduzidas pela Lei 8.420/92, que atribuiu ao representante o dever de se inscrever no Conselho Regional dos Representantes Comerciais de sua cidade para o exercício da sua atividade profissional.

Ademais, exerce a representação comercial autônoma a pessoa jurídica ou a pessoa física, sem relação de emprego, que desempenha, em caráter não eventual por conta de uma ou mais pessoas, a mediação para a realização de negócios mercantis, agenciando

Direito Comercial

propostas ou pedidos, para, transmití-los aos representados, praticando ou não atos relacionados com a execução dos negócios.

Elementos do contrato de representação

De acordo com o art. 27 da Lei de Representação Comercial, além dos elementos comuns e outros a juízo dos interessados, constarão obrigatoriamente:

a) Condições e requisitos gerais da representação;
b) Indicação genérica ou específica dos produtos ou artigos objeto da representação;
c) Prazo certo ou indeterminado da representação;
d) Indicação da zona ou zonas em que será exercida a representação;
e) Garantia ou não, parcial ou total, ou por certo prazo, da exclusividade de zona ou setor de zona;
f) Retribuição e época do pagamento, pelo exercício da representação, dependente da efetiva realização dos negócios, e recebimento, ou não, pelo representado, dos valores respectivos;
g) Os casos em que se justifique a restrição de zona concedida com exclusividade;
h) Obrigações e responsabilidades das partes contratantes;
i) Exercício exclusivo ou não da representação a favor do representado;
j) Indenização devida ao representante pela rescisão do contrato fora dos casos previstos no art. 35, cujo montante não poderá ser inferior a 1/12 (um doze avos) do total da retribuição auferida durante o tempo em que exerceu a representação.

Principais obrigações do representante

Segundo nosso entendimento (coleção para aprender Direito, por Vander Brusso da Silva) são as seguintes obrigações dos representantes:

Para Facilitar o Direito

a) Fornecer ao representado, quando solicitado, informações detalhadas sobre o andamento dos negócios a seu cargo;
b) Dedicar-se à representação de modo a expandir os negócios do representado;
c) Promover os produtos do representado;
d) Não conceder abatimentos, descontos ou dilações sem autorização expressa do representado;
e) Agir de acordo com as instruções do representado.

PRINCIPAIS OBRIGAÇÕES DO REPRESENTADO

Ainda segundo nossa coleção, são obrigações do representado:

a) Efetuar o pagamento das comissões, quando do pagamento dos pedidos ou propostas;
b) Respeitar a cláusula de exclusividade de zona;
c) Indenizar o representante, prevendo o contrato de exclusividade de zona ou zonas, ou quando este for omisso, pelos negócios ali realizados, ainda que diretamente pelo representado ou por intermédio de terceiros.

CONTRATO DE AGÊNCIA

Segundo o art. 710 do CC pelo contrato de agência, uma pessoa assume, em caráter não eventual e sem vínculos de dependência, a obrigação de promover, à conta de outra, mediante retribuição, a realização de certos negócios, em zona determinada, caracterizando-se a distribuição quando o agente tiver à sua disposição a coisa a ser negociada.

Salvo autorização, o proponente não pode constituir, ao mesmo tempo, mais de um agente, na mesma zona, para trabalhar com ramo idêntico. Não pode ainda o agente assumir o encargo de nela tratar de negócio do mesmo gênero, à conta de outros proponentes.

Direito Comercial

Obrigação do Agente

Segundo o art. 712 do CC o agente deve agir com toda a diligência no desempenho de suas funções e assumir as despesas:

Art. 712. O agente, no desempenho que lhe foi cometido, deve agir com toda diligência, atendo-se às instruções recebidas do proponente.

Art. 713. Salvo estipulação diversa, todas as despesas com a agência ou distribuição correm a cargo do agente ou distribuidor.

Remuneração do Agente ou Distribuidor

O agente ou o distribuidor terá direito à remuneração correspondente aos negócios concluídos dentro de sua zona, ainda que sem a sua interferência.

Indenização do Agente ou Distribuidor

O agente ou distribuidor tem direito à indenização se o proponente, sem justa causa, cessar o atendimento das propostas ou reduzi-lo tanto que se torna antieconômica a continuação do contrato. A remuneração, por sua vez, será devida ao agente também quando o negócio deixar de ser realizado por fato imputável ao proponente.

Ainda que dispensado por justa causa, terá o agente direito a ser remunerado pelos serviços úteis prestados ao proponente, sem embargo de haver este perdas e danos pelos prejuízos sofridos. Se, por outro lado, a dispensa se der sem culpa do agente, terá ele direito à remuneração até então devida, inclusive sobre os negócios pendentes, além das indenizações previstas em lei especial.

Por fim, se o agente não puder continuar o trabalho por motivo de força maior, terá direito à remuneração correspondente aos serviços realizados, cabendo esse direito aos herdeiros no caso de morte.

Prazo de duração do contrato

Se o contrato for por tempo indeterminado, qualquer das partes poderá resolvê-lo, mediante aviso prévio de noventa dias, desde que transcorrido prazo compatível com a natureza e o vulto do investimento exigido do agente.

Contrato de Distribuição

É o contrato pelo qual o fabricante compromete-se a vender, com vantagens especiais, produtos ao distribuidor, para revenda em zona determinada, diferenciando-se do contrato de agência em virtude da disposição da coisa.

Contrato de Leasing

Atualmente encontra-se regulado pela Lei 6.099/74 e pela Resolução do Central n.º 2.309/96. O contrato de leasing se aproxima de um contrato de locação.

Na verdade, contrato de leasing é um contrato de locação com 3 (três) opções:

a) Adquirir o bem;
b) Prorrogar o contrato;
c) Devolver o bem.

Modalidades

Segundo a Resolução do BACEN são duas as modalidades:

a) Leasing financeiro – sua característica reside na inexistência de valor residual expressivo, caso o arrendatário faça a opção de compra do bem;
b) Leasing operacional – inclui além do bem a assistência técnica e geralmente apresenta um valor residual expressivo no final do contrato.

Prática do Leasing

Somente podem operar nesse mercado as instituições financeiras, as sociedades anônimas constituídas especificadamente para esse fim, os bancos múltiplos.

Duração do contrato Leasing

O tempo de duração irá variar conforme a modalidade. No financeiro, não pode ser inferior a 2 (dois) anos, se a vida útil do bem chegar a 5 (cinco) anos, ou a 3 (três) anos, se a vida útil for maior. Já para o operacional, o prazo mínimo de duração não pode ser inferior a 90 (noventa) dias.

RECUPERAÇÃO JUDICIAL, FALÊNCIA E RECUPERAÇÃO EXTRAJUDICIAL

Introdução

De acordo com a Lei 11.101/05 (LRF) estão sujeitos a recuperação e a falência o empresário e a sociedade empresária. Não está sujeito a nova Lei de Falências, por sua vez, a sociedade simples.

A LRF em seu art. 2º excluiu algumas sociedades empresárias da sua incidência. A exclusão poderá ser total ou parcial. A exemplo, as empresas públicas e de economia mista nunca falirão, pois representaria a falência do próprio Estado. Nesta situação temos uma exclusão total.

Por outro lado, foram excluídas parcialmente os bancos, corretores e seguradoras. Essas empresas somente poderão falir após um procedimento especial, pois primeiramente passarão por intervenção, depois liquidação e no final falência.

JUÍZO COMPETENTE

O juízo competente para homologar o plano de recuperação e decretar a falência é dividido da seguinte forma:

a) Em razão do lugar – principal estabelecimento;
b) Em razão da matéria – justiça cível estadual.

Na falência o juízo falimentar será o mesmo, porém será conhecido como juízo universal, uma vez que possui força atrativa. Assim, quando decretada a falência de um empresário todas as ações que correm contra ele serão atraídas por esse juízo.

EFEITOS DO PROCESSAMENTO DE RECUPERAÇÃO E DA QUEBRA

Uma vez publicado o despacho que manda processar o pedido de recuperação ele gerará a suspensão das ações, execuções e prescrições por até 180 (cento e oitenta) dias. Passado este prazo restabelece o direito do credor.

Importante notar que nessa fase o empresário não está em recuperação. O juiz está verificando apenas se o empresário preenche todos os requisitos, mas, mesmo assim, o despacho do juiz já produzirá todos os efeitos suspensivos.

Já com relação à quebra sua sentença declaratória de falência acarreta a suspensão das ações, execuções, juros e dá o vencimento antecipado. Não suspenderá, contudo, as ações com hasta designadas e as ações com hasta já realizada.

Com relação aos efeitos suspensivos veja o que diz o art. 6º da LRF:

> *Art. 60 A decretação da falência ou o deferimento do processamento da recuperação judicial suspende o curso da prescrição e de todas as ações e execuções em face do devedor, inclusive aquelas dos credores particulares do sócio solidário.*
>
> *§ 1º Terá prosseguimento no juízo no qual estiver se processando a ação que demandar quantia ilíquida.*
>
> *§ 2º É permitido pleitear, perante o administrador judicial, habilitação, exclusão ou modificação de créditos derivados da relação de trabalho, mas as ações de natureza trabalhista, inclusive as impugnações a que se refere o art. 8º desta Lei, serão processadas perante a justiça especializada até a apuração do respectivo crédito, que será inscrito no quadro-geral de credores pelo valor determinado em sentença.*
>
> *§ 3º O juiz competente para as ações referidas nos §§ 1º e 20 deste artigo poderá determinar a reserva da importância que estimar devida na recuperação judicial ou na falência, e, uma vez reconhecido líquido o direito, será o crédito incluído na classe própria.*
>
> *§ 4º Na recuperação judicial, a suspensão de que trata o caput deste artigo em hipótese nenhuma excederá o prazo improrrogável de 180 (cento e oitenta) dias contado do deferimento do processamento da recuperação, restabelecendo-se, após o decurso do prazo, o direito dos credores de iniciar ou continuar suas ações e execuções, independentemente de pronunciamento judicial.*

§ 5º Aplica-se o disposto no § 2º deste artigo à recuperação judicial durante o período de suspensão de que trata o § 4º deste artigo, mas, após o fim da suspensão, as execuções trabalhistas poderão ser normalmente concluídas, ainda que o crédito já esteja inscrito no quadro-geral de credores.

§ 6º Independentemente da verificação periódica perante os cartórios de distribuição, as ações que venham a ser propostas contra o devedor deverão ser comunicadas ao juízo da falência ou da recuperação judicial:
I – pelo juiz competente, quando do recebimento da petição inicial;
II – pelo devedor, imediatamente após a citação.

§ 7º As execuções de natureza fiscal não são suspensas pelo deferimento da recuperação judicial, ressalvada a concessão de parcelamento nos termos do Código Tributário Nacional e da legislação ordinária específica.

§ 8º A distribuição do pedido de falência ou de recuperação judicial previne a jurisdição para qualquer outro pedido de recuperação judicial ou de falência, relativo ao mesmo devedor.

Verificação e habilitação dos créditos

A verificação dos créditos será realizada pelo administrador judicial com base nos documentos do devedor e com base nos documentos apresentados pelos credores.

Feita a verificação dos créditos o administrador irá publicar a relação nominal de credores. Quem não constar dessa relação nominal terá o prazo de 15 (quinze) dias para apresentar habilitação. Quem, por sua vez, constar da relação nominal, mas não concordar

Direito Comercial

com o valor do seu crédito ou da classificação, poderá, também, no prazo de 15 (quinze) dias apresentar divergência.

Tanto a habilitação quanto a divergência são endereçadas ao administrador judicial e não precisa de advogado. Vale dizer, qualquer pessoa poderá apresentar a habilitação ou a divergência.

Seja como for, uma vez apresentada as habilitações e as divergências, nos próximos 45 (quarenta e cinco) dias, o administrador judicial irá publicar a nova relação nominal de credores. Caso o administrador não tenha habilitado um credor ou não tenha corrigido o erro da primeira relação, poderá o credor que se sentir prejudicado apresentar a divergência, no prazo de 10 (dez) dias. A divergência, porém, deve ser apresentada ao juiz e precisará de advogado.

Na falência os credores serão classificados conforme o Quadro Geral de Credores. Na recuperação eles poderão pactuar uma forma diversa da do quadro, observando, é claro, a preferência dos credores trabalhistas. Tudo conforme arts. $7^{\underline{o}}$ e $8^{\underline{o}}$ da LRF:

> *Art. $7^{\underline{o}}$ A verificação dos créditos será realizada pelo administrador judicial, com base nos livros contábeis e documentos comerciais e fiscais do devedor e nos documentos que lhe forem apresentados pelos credores, podendo contar com o auxílio de profissionais ou empresas especializadas.*
>
> *§ $1^{\underline{o}}$ Publicado o edital previsto no art. 52, § $1^{\underline{o}}$, ou no parágrafo único do art. 99 desta Lei, os credores terão o prazo de 15 (quinze) dias para apresentar ao administrador judicial suas habilitações ou suas divergências quanto aos créditos relacionados.*
>
> *§ $2^{\underline{o}}$ O administrador judicial, com base nas informações e documentos colhidos na forma do* caput *e do § $1^{\underline{o}}$ deste artigo, fará publicar edital contendo a relação de credores no prazo de 45 (quarenta e cinco) dias, contado do fim do prazo do § $1^{\underline{o}}$ deste artigo, devendo*

indicar o local, o horário e o prazo comum em que as pessoas indicadas no art. 8º desta Lei terão acesso aos documentos que fundamentaram a elaboração dessa relação.

Art. 8º No prazo de 10 (dez) dias, contado da publicação da relação referida no art. 7º, § 2º, desta Lei, o Comitê, qualquer credor, o devedor ou seus sócios ou o Ministério Público podem apresentar ao juiz impugnação contra a relação de credores, apontando a ausência de qualquer crédito ou manifestando-se contra a legitimidade, importância ou classificação de crédito relacionado.

CREDORES RETARDATÁRIOS

Os credores retardatários são credores que perderam o prazo para habilitação. Segundo o art. 10 da LRF eles poderão se habilitar até a fase de liquidação, porém sofrerão 4 (quatro) sanções:

a) Perde o rateio já realizado;
b) Perde direito de voto na assembleia;
c) Perde direito a correção monetária;
d) Paga às custas.

ADMINISTRADOR JUDICIAL E COMITÊ DE CREDORES

ADMINISTRADOR JUDICIAL

O administrador judicial será uma pessoa de confiança do juiz preferencialmente advogado, economista, administrador de empresas, contador ou pessoa jurídica especializada. São deveres do administrador judicial (LRF, art. 22):

Direito Comercial

I – na recuperação judicial e na falência:

a) enviar correspondência aos credores constantes na relação de que trata o inciso III do *caput* do art. 51, o inciso III do *caput* do art. 99 ou o inciso II do *caput* do art. 105 desta Lei, comunicando a data do pedido de recuperação judicial ou da decretação da falência, a natureza, o valor e a classificação dada ao crédito;

b) fornecer, com presteza, todas as informações pedidas pelos credores interessados;

c) dar extratos dos livros do devedor, que merecerão fé de ofício, a fim de servirem de fundamento nas habilitações e impugnações de créditos;

d) exigir dos credores, do devedor ou seus administradores quaisquer informações;

e) elaborar a relação de credores de que trata o § 2º do art. 7º desta Lei;

f) consolidar o quadro-geral de credores nos termos do art. 18 desta Lei;

g) requerer ao juiz convocação da assembleia-geral de credores nos casos previstos nesta Lei ou quando entender necessária sua ouvida para a tomada de decisões;

h) contratar, mediante autorização judicial, profissionais ou empresas especializadas para, quando necessário, auxiliá-lo no exercício de suas funções;

i) manifestar-se nos casos previstos nesta Lei;

II – na recuperação judicial:

a) fiscalizar as atividades do devedor e o cumprimento do plano de recuperação judicial;

b) requerer a falência no caso de descumprimento de obrigação assumida no plano de recuperação;

c) apresentar ao juiz, para juntada aos autos, relatório mensal das atividades do devedor;

d) apresentar o relatório sobre a execução do plano de recuperação, de que trata o inciso III do *caput* do art. 63 desta Lei;

III – na falência:

a) avisar, pelo órgão oficial, o lugar e hora em que, diariamente, os credores terão à sua disposição os livros e documentos do falido;

b) examinar a escrituração do devedor;

c) relacionar os processos e assumir a representação judicial da massa falida;

d) receber e abrir a correspondência dirigida ao devedor, entregando a ele o que não for assunto de interesse da massa;

e) apresentar, no prazo de 40 (quarenta) dias, contado da assinatura do termo de compromisso, prorrogável por igual período, relatório sobre as causas e circunstâncias que conduziram à situação de falência, no qual apontará a responsabilidade civil e penal dos envolvidos, observado o disposto no art. 186 desta Lei;

f) arrecadar os bens e documentos do devedor e elaborar o auto de arrecadação, nos termos dos arts. 108 e 110 desta Lei;

g) avaliar os bens arrecadados;

h) contratar avaliadores, de preferência oficiais, mediante autorização judicial, para a avaliação dos bens caso entenda não ter condições técnicas para a tarefa;

i) praticar os atos necessários à realização do ativo e ao pagamento dos credores;

j) requerer ao juiz a venda antecipada de bens perecíveis, deterioráveis ou sujeitos a considerável desvalorização ou de conservação arriscada ou dispendiosa, nos termos do art. 113 desta Lei;

l) praticar todos os atos conservatórios de direitos e ações, diligenciar a cobrança de dívidas e dar a respectiva quitação;

m) remir, em benefício da massa e mediante autorização judicial, bens apenhados, penhorados ou legalmente retidos;

n) representar a massa falida em juízo, contratando, se necessário, advogado, cujos honorários serão previamente ajustados e aprovados pelo Comitê de Credores;

o) requerer todas as medidas e diligências que forem necessárias para o cumprimento desta Lei, a proteção da massa ou a eficiência da administração;

p) apresentar ao juiz para juntada aos autos, até o 10º (décimo) dia do mês seguinte ao vencido, conta demonstrativa da administração, que especifique com clareza a receita e a despesa;

q) entregar ao seu substituto todos os bens e documentos da massa em seu poder, sob pena de responsabilidade;

r) prestar contas ao final do processo, quando for substituído, destituído ou renunciar ao cargo.

A função do administrador é indelegável e remunerada, mas ele poderá contratar colaboradores com autorização do juiz.

Na falência o administrador judicial receberá até 5% (cinco por cento) do valor da venda dos bens da seguinte forma:

a) 40% (quarenta por cento) como extraconcursal;

b) 60% (sessenta por cento) no final do processo, embora estejam reservados desde o início.

Já na recuperação o administrador poderá receber até 5% (cinco por cento) do valor dos créditos. A lei, contudo, deixou de dizer a forma de pagamento, ficando, assim, a cargo do juiz decidir como o administrador será pago.

RESPONSABILIDADE DO ADMINISTRADOR JUDICIAL

O administrador judicial será responsável pelos prejuízos causados à massa falida, ao devedor e aos credores se incorrer em dolo ou culpa no desempenho de suas funções, conforme art. 32 da LRF:

> *Art. 32. O administrador judicial e os membros do Comitê responderão pelos prejuízos causados à massa falida, ao devedor ou aos credores por dolo ou culpa, devendo*

o dissidente em deliberação do Comitê consignar sua discordância em ata para eximir-se da responsabilidade.

COMITÊ DE CREDORES

O Comitê de Credores é um órgão facultativo tanto na falência, quanto na recuperação. A decisão de sua instalação compete a assembleia geral de credores, sendo que, uma vez instalado será composto (LRF, art. 26):

I – 1 (um) representante indicado pela classe de credores trabalhistas, com 2 (dois) suplentes;

II – 1 (um) representante indicado pela classe de credores com direitos reais de garantia ou privilégios especiais, com 2 (dois) suplentes;

III – 1 (um) representante indicado pela classe de credores quirografários e com privilégios gerais, com 2 (dois) suplentes.

COMPETÊNCIA DO COMITÊ DE CREDORES

COMPETE AO COMITÊ DE CREDORES:

I – na recuperação judicial e na falência:

a) fiscalizar as atividades e examinar as contas do administrador judicial;

b) zelar pelo bom andamento do processo e pelo cumprimento da lei;

c) comunicar ao juiz, caso detecte violação dos direitos ou prejuízo aos interesses dos credores;

d) apurar e emitir parecer sobre quaisquer reclamações dos interessados;

e) requerer ao juiz a convocação da assembleia geral de credores;

f) manifestar-se nas hipóteses previstas nesta Lei;

Direito Comercial

II – na recuperação judicial:

a) fiscalizar a administração das atividades do devedor, apresentando, a cada 30 (trinta) dias, relatório de sua situação;

b) fiscalizar a execução do plano de recuperação judicial;

c) submeter à autorização do juiz, quando ocorrer o afastamento do devedor nas hipóteses previstas nesta Lei, a alienação de bens do ativo permanente, a constituição de ônus reais e outras garantias, bem como atos de endividamento necessários à continuação da atividade empresarial durante o período que antecede a aprovação do plano de recuperação judicial.

Lembre-se, ao final, que os membros do Comitê de Credores não são remunerados. Se os credores resolverem instalá-lo, não há problemas, todavia, não poderão desviar dinheiro da massa para pagamento dos seus membros, salvo as despesas devidamente autorizadas pelo juiz.

Com relação a responsabilidade dos membros do Comitê de Credores, aplicar-se-á as mesmas responsabilidades do administrador judicial.

Assembleia Geral de Credores

Compete ao juiz convocar a assembleia geral de credores nas hipóteses previstas em lei ou quando achar necessário. A competência da assembleia consiste (LRF, art. 35):

I – na recuperação judicial:

a) aprovação, rejeição ou modificação do plano de recuperação judicial apresentado pelo devedor;

b) a constituição do Comitê de Credores, a escolha de seus membros e sua substituição;

c) (VETADO)

d) o pedido de desistência do devedor, nos termos do § 4º do art. 52 desta Lei;

e) o nome do gestor judicial, quando do afastamento do devedor;

f) qualquer outra matéria que possa afetar os interesses dos credores;

141

II – na falência:

a) (VETADO)

b) a constituição do Comitê de Credores, a escolha de seus membros e sua substituição;

c) a adoção de outras modalidades de realização do ativo, na forma do art. 145 desta Lei;

d) qualquer outra matéria que possa afetar os interesses dos credores.

FORMALIDADES DE CONVOCAÇÃO

A assembleia será presidida pelo administrador judicial, o qual designará um secretário, escolhido dentre os credores.

A convocação da assembleia dar-se-á por edital publicado na imprensa oficial e em jornais de grande circulação, com antecedência mínima de 15 dias, o qual deverá conter:

I – local, data e hora da assembleia em 1ª (primeira) e em 2ª (segunda) convocação, não podendo esta ser realizada menos de 5 (cinco) dias depois da 1ª (primeira);

II – a ordem do dia;

III – local onde os credores poderão, se for o caso, obter cópia do plano de recuperação judicial a ser submetido à deliberação da assembleia.

QUORUM DE INSTALAÇÃO

A assembleia instala-se em primeira convocação com a presença da maioria dos créditos em cada classe e em segunda convocação com qualquer número.

COMPOSIÇÃO DA ASSEMBLEIA

A assembleia será composta pelos credores na seguinte ordem:

a) trabalhistas e acidentes do trabalho;

b) garantia real;

c) privilégio especial;
d) privilégio geral;
e) quirografários
f) subordinados.

QUORUM DE DELIBERAÇÃO

Via de regra será o de maioria simples. Contudo, em 2 (duas) situações será exigido um quorum qualificado:

a) aprovação do plano de recuperação;
b) venda extraordinária de bens do falido.

RECUPERAÇÃO JUDICIAL

A recuperação judicial é uma ação que visa preservar a empresa, evitando, assim, todo o processo falimentar.

LEGITIMIDADE ATIVA

Estão legitimados a requerer a recuperação:

a) empresário e a sociedade empresária;
b) o cônjuge sobrevivente;
c) os herdeiros;
d) o inventariante;
e) o sócio remanescente.

REQUISITOS PARA A RECUPERAÇÃO

De acordo com o art. 48 da LRF, o empresário somente terá direito a recuperação se preencher os seguintes requisitos:

I – não ser falido e, se o foi, estejam declaradas extintas, por sentença transitada em julgado, as responsabilidades daí decorrentes;

II – não ter, há menos de 5 (cinco) anos, obtido concessão de recuperação judicial;

III – não ter, há menos de 8 (oito) anos, obtido concessão de recuperação judicial com base no plano especial de que trata a Seção V deste Capítulo;

IV – não ter sido condenado ou não ter, como administrador ou sócio controlador, pessoa condenada por qualquer dos crimes previstos nesta Lei.

CREDORES SUJEITOS A RECUPERAÇÃO

Via de regra, todos os credores anteriores ao pedido estarão sujeitos a recuperação judicial. Todavia, a lei exclui alguns credores:

a) proprietário fiduciário;
b) arrendador mercantil;
c) contrato de compra e venda em caráter irrevogável e irretratável;
d) reserva de domínio;
e) adiantamento de câmbio ao exportador.

Esses credores estão excluídos da recuperação, vale dizer, devem ser pagos normalmente. É o que diz o art. 49 da LRF:

> *Art. 49. Estão sujeitos à recuperação judicial todos os créditos existentes na data do pedido, ainda que não vencidos.*
>
> *§ 1º Os credores do devedor em recuperação judicial conservam seus direitos e privilégios contra os co-obrigados, fiadores e obrigados de regresso.*
>
> *§ 2º As obrigações anteriores à recuperação judicial observarão as condições originalmente contratadas ou definidas em lei, inclusive no que diz respeito aos encargos, salvo se de modo diverso ficar estabelecido no plano de recuperação judicial.*

§ 3º Tratando-se de credor titular da posição de proprietário fiduciário de bens móveis ou imóveis, de arrendador mercantil, de proprietário ou promitente vendedor de imóvel cujos respectivos contratos contenham cláusula de irrevogabilidade ou irretratabilidade, inclusive em incorporações imobiliárias, ou de proprietário em contrato de venda com reserva de domínio, seu crédito não se submeterá aos efeitos da recuperação judicial e prevalecerão os direitos de propriedade sobre a coisa e as condições contratuais, observada a legislação respectiva, não se permitindo, contudo, durante o prazo de suspensão a que se refere o § 4º do art. 6º desta Lei, a venda ou a retirada do estabelecimento do devedor dos bens de capital essenciais a sua atividade empresarial.

§ 4º Não se sujeitará aos efeitos da recuperação judicial a importância a que se refere o inciso II do art. 86 desta Lei.

§ 5º Tratando-se de crédito garantido por penhor sobre títulos de crédito, direitos creditórios, aplicações financeiras ou valores mobiliários, poderão ser substituídas ou renovadas as garantias liquidadas ou vencidas durante a recuperação judicial e, enquanto não renovadas ou substituídas, o valor eventualmente recebido em pagamento das garantias permanecerá em conta vinculada durante o período de suspensão de que trata o § 4º do art. 6º desta Lei.

Meios de Recuperação

Os meios de recuperação encontram-se previstos no art. 50 da LRF. O rol desse artigo é meramente exemplificativo. Assim, caso o empresário não encontre nenhum meio de recuperação adequado para sua empresa poderá criar um outro meio. São meios de recuperação:

I – concessão de prazos e condições especiais para pagamento das obrigações vencidas ou vincendas;

II – cisão, incorporação, fusão ou transformação de sociedade, constituição de subsidiária integral, ou cessão de cotas ou ações, respeitados os direitos dos sócios, nos termos da legislação vigente;

III – alteração do controle societário;

IV – substituição total ou parcial dos administradores do devedor ou modificação de seus órgãos administrativos;

V – concessão aos credores de direito de eleição em separado de administradores e de poder de veto em relação às matérias que o plano especificar;

VI – aumento de capital social;

VII – trespasse ou arrendamento de estabelecimento, inclusive à sociedade constituída pelos próprios empregados;

VIII – redução salarial, compensação de horários e redução da jornada, mediante acordo ou convenção coletiva;

IX – dação em pagamento ou novação de dívidas do passivo, com ou sem constituição de garantia própria ou de terceiro;

X – constituição de sociedade de credores;

XI – venda parcial dos bens;

XII – equalização de encargos financeiros relativos a débitos de qualquer natureza, tendo como termo inicial a data da distribuição do pedido de recuperação judicial, aplicando-se inclusive aos contratos de crédito rural, sem prejuízo do disposto em legislação específica;

XIII – usufruto da empresa;

XIV – administração compartilhada;

XV – emissão de valores mobiliários;

XVI – constituição de sociedade de propósito específico para adjudicar, em pagamento dos créditos, os ativos do devedor.

DESPACHO DO PROCESSAMENTO DE RECUPERAÇÃO

Uma vez recebido o pedido de recuperação o juiz irá verificar se o empresário preencher todos os requisitos da lei. Estando em termo a petição inicial o juiz irá publicar o despacho de processamento, o qual irá gerar o efeito suspensivo das ações, execuções e prescrições. Nesta fase será nomeado o administrador judicial.

Publicado o despacho de processamento, cabe ao empresário apresentar o plano de recuperação judicial no prazo improrrogável de 60 (sessenta) dias. O plano de recuperação é a fase mais importante do processo, uma vez que é através dele que o empresário irá comprovar a viabilidade da sua empresa.

O plano é tão importante que ele pode alterar ou fazer novação dos créditos trabalhistas, não poderá contudo, prever:

a) prazo superior a um ano para pagamento dos créditos derivados da legislação do trabalho ou decorrentes de acidentes de trabalho vencidos até a data do pedido de recuperação;

b) prazo superior a 30 dias para o pagamento, até o limite de cinco salários mínimos por trabalhador, dos créditos de natureza estritamente salarial vencidos nos três meses anteriores ao referido pedido de recuperação.

Veja o que diz os arts. 52, 53 e 54 da LRF:

Art. 52. Estando em termos a documentação exigida no art. 51 desta Lei, o juiz deferirá o processamento da recuperação judicial e, no mesmo ato:

I – nomeará o administrador judicial, observado o disposto no art. 21 desta Lei;

II – determinará a dispensa da apresentação de certidões negativas para que o devedor exerça suas atividades, exceto para contratação com o Poder Público ou para recebimento de benefícios ou incentivos fiscais ou creditícios, observando o disposto no art. 69 desta Lei;

III – ordenará a suspensão de todas as ações ou execuções contra o devedor, na forma do art. 60 desta Lei, permanecendo os respectivos autos no juízo onde se processam, ressalvadas as ações previstas nos §§ 1º, 2º e 7º do art. 6º desta Lei e as relativas a créditos exceutados na forma dos §§ 3º e 4º do art. 49 desta Lei;

IV – determinará ao devedor a apresentação de contas demonstrativas mensais enquanto perdurar a recuperação judicial, sob pena de destituição de seus administradores;

V – ordenará a intimação do Ministério Público e a comunicação por carta às Fazendas Públicas Federal e de todos os Estados e Municípios em que o devedor tiver estabelecimento.

§ 1º O juiz ordenará a expedição de edital, para publicação no órgão oficial, que conterá:

I – o resumo do pedido do devedor e da decisão que defere o processamento da recuperação judicial;

II – a relação nominal de credores, em que se discrimine o valor atualizado e a classificação de cada crédito;

III – a advertência acerca dos prazos para habilitação dos créditos, na forma do art. 7º, § 1º, desta Lei, e para que os credores apresentem objeção ao plano de recuperação judicial apresentado pelo devedor nos termos do art. 55 desta Lei.

§ 2º Deferido o processamento da recuperação judicial, os credores poderão, a qualquer tempo, requerer a convocação de assembleia-geral para a constituição do Comitê de Credores ou substituição de seus membros, observado o disposto no § 2º do art. 36 desta Lei.

§ 3º No caso do inciso III do caput *deste artigo, caberá ao devedor comunicar a suspensão aos juízos competentes.*

§ 4º O devedor não poderá desistir do pedido de recuperação judicial após o deferimento de seu processamento, salvo se obtiver aprovação da desistência na assembleia geral de credores.

Art. 53. O plano de recuperação será apresentado pelo devedor em juízo no prazo improrrogável de 60 (sessenta) dias da publicação da decisão que deferir o processamento da recuperação judicial, sob pena de convolação em falência, e deverá conter:
I – discriminação pormenorizada dos meios de recuperação a ser empregados, conforme o art. 50 desta Lei, e seu resumo;
II – demonstração de sua viabilidade econômica; e
III – laudo econômico-financeiro e de avaliação dos bens e ativos do devedor, subscrito por profissional legalmente habilitado ou empresa especializada.

Parágrafo único. O juiz ordenará a publicação de edital contendo aviso aos credores sobre o recebimento do plano de recuperação e fixando o prazo para a manifestação de eventuais objeções, observado o art. 55 desta Lei.

Art. 54. O plano de recuperação judicial não poderá prever prazo superior a 1 (um) ano para pagamento dos créditos derivados da legislação do trabalho ou decorrentes de acidentes de trabalho vencidos até a data do pedido de recuperação judicial.

Parágrafo único. O plano não poderá, ainda, prever prazo superior a 30 (trinta) dias para o pagamento, até o limite de 5 (cinco) salários-mínimos por trabalhador, dos créditos de natureza estritamente salarial vencidos nos 3 (três) meses anteriores ao pedido de recuperação judicial.

Concessão da recuperação

Uma vez aprovado o plano de recuperação em assembleia o empresário deverá juntar as certidões negativas de tributos ou certidões positivas com efeito negativo. Após a junta das certidões o juiz concederá a recuperação judicial.

Lembre-se, via de regra, a recuperação somente será concedida se o plano for aprovado pelos credores em assembleia com quorum qualificado. Há, contudo, situações em que a lei permite ao juiz conceder a recuperação ainda que o plano não tenha sido aprovado pela assembleia geral de credores. Assim, será concedida a recuperação se de forma cumulativa:

a) o voto favorável de credores que representem mais da metade do valor de todos os créditos presentes, independentemente de suas classes;

b) a aprovação de duas das classes de credores nos termos do art. 45 da LRF ou, caso haja somente duas classes com credores votantes, a aprovação de pelo menos uma delas;

c) na classe que o houver rejeitado, o voto favorável de mais de um terço dos credores.

Recurso contra a sentença concessiva de recuperação

A sentença concessiva de recuperação desafia o recurso de agravo por instrumento, o qual poderá ser interposto por qualquer credor ou pelo representante do Ministério Público.

Descumprimento da recuperação

Se a recuperação for descumprida num prazo de 2 (dois) anos a contar da concessão ela será convolada automaticamente em falência. Se, por outro lado, o descumprimento se der após o referido prazo de 2 (dois) anos, o credor que se sentir prejudicado pode pedir a falência do empresário ou executá-lo individualmente, nos termos do CPC, conforme art. 61 da LRF:

> *Art. 61. Proferida a decisão prevista no art. 58 desta Lei, o devedor permanecerá em recuperação judicial até que se cumpram todas as obrigações previstas no plano que se vencerem até 2 (dois) anos depois da concessão da recuperação judicial.*
>
> *§ 1º Durante o período estabelecido no* caput *deste artigo, o descumprimento de qualquer obrigação prevista no plano acarretará a convolação da recuperação em falência, nos termos do art. 73 desta Lei.*
>
> *§ 2º Decretada a falência, os credores terão recons- tituídos seus direitos e garantias nas condições originalmente contratadas, deduzidos os valores eventualmente pagos e ressalvados os atos vali- damente praticados no âmbito da recuperação judicial.*

ENCERRAMENTO DA RECUPERAÇÃO JUDICIAL

Via de regra, uma vez cumprida as obrigações do empresário previstas no plano de recuperação o juiz encerrará por sentença o processo de recuperação comunicando a Junta Comercial.

A recuperação pode ser encerrada ainda:

a) pelo cumprimento do plano no prazo de até 2 (dois) anos;
b) pela desistência.

FALÊNCIA

CONCEITO

Falência é uma execução coletiva movida contra um empresário insolvente atingindo seu patrimônio para uma venda forçada, partilhando, o resultado, proporcionalmente, entre os credores.

SUJEITOS À FALÊNCIA

De acordo com a LRF estão sujeitos à falência o empresário e a sociedade empresária, o espólio do devedor, e aqueles expressamente proibidos, exercem atividades empresariais.

ESTADO FALIMENTAR

Como visto acima estão sujeitos à falência o empresário e a sociedade empresária. Contudo, não basta ser empresário ou sociedade empresária. A empresa deve apresentar insolvente.

No Brasil, a insolvência é presumida pela impontualidade, pelos atos falimentares e pela execução frustrada.

a) impontualidade – estará insolvente o empresário que sem relevante razão de direito não paga, no vencimento, suas dívidas. Para se caracterizar a impontualidade injustificada é necessário que o empresário seja devedor de pelo menos 40 (quarenta) salários mínimos, conforme art. 94, I, da LRF;

b) atos Falimentares – restará insolvente o empresário que pratica atos falimentares com o objetivo de prejudicar credores, conforme art. 94, III, da LRF;

c) execução frustrada – quando o devedor empresário não paga, não deposita e nem nomeia bens a penhora no prazo legal, conforme art. 94, II, da LRF.

Juízo falimentar

Como já comentado, o juízo falimentar é dividido em razão da matéria e em razão do lugar. Da matéria será a justiça cível estadual; já com relação ao lugar, será a do principal estabelecimento, ou seja, o local onde se concentra o maior volume de negócios.

O juízo falimentar é chamado pela doutrina de juízo universal, pois possui força atrativa, vale dizer, todas as ações que correm contra o devedor serão atraídas para o juízo falimentar. Há, contudo, algumas exceções, ou seja, existem ações que não serão atraídas pelo juízo universal prosseguindo normalmente no seu processo de origem. São elas:

a) ações não reguladas pela LRF;
b) ações que demandam quantias ilíquidas;
c) reclamações trabalhistas;
d) execuções tributárias;
e) ações em que a União é parte.

Segundo o art. 76 da LRF essas ações terão prosseguimento normal, sendo intimado o administrador judicial para representar a massa, sob pena de nulidade processual. Assim, temos que as ações prosseguem intimando o administrador. Quando as ações transitarem em julgado devem ser habilitadas no Quadro Geral de Credores, com exceção das tributárias, uma vez que a Fazenda Pública não passa por concurso ou habilitação.

> *Art. 76. O juízo da falência é indivisível e competente para conhecer todas as ações sobre bens, interesses e negócios do falido, ressalvadas as causas trabalhistas, fiscais e aquelas não reguladas nesta Lei em que o falido figurar como autor ou litisconsorte ativo.*
>
> *Parágrafo único. Todas as ações, inclusive as excetuadas no* caput *deste artigo, terão prosseguimento com o*

administrador judicial, que deverá ser intimado para representar a massa falida, sob pena de nulidade do processo.

Legitimidade ativa

De acordo com o art. 97 da LRF estão autorizados a requerer a falência:

I – o próprio devedor, na forma do disposto nos arts. 105 a 107 desta Lei;

II – o cônjuge sobrevivente, qualquer herdeiro do devedor ou o inventariante;

III – o cotista ou o acionista do devedor na forma da lei ou do ato constitutivo da sociedade;

V – qualquer credor.

O credor empresário apresentará certidão do Registro Público de Empresas que comprove a regularidade de suas atividades e o credor que não tiver domicílio no Brasil deverá prestar caução relativa às custas e ao pagamento da indenização de que trata o art. 101 desta Lei.

Hipóteses em que a falência não será declarada

A falência requerida com base na insolvência será julgada improcedente se o empresário provar:

I – falsidade de título;

II – prescrição;

III – nulidade de obrigação ou de título;

IV – pagamento da dívida;

V – qualquer outro fato que extinga ou suspenda obrigação ou não legitime a cobrança de título;

VI – vício em protesto ou em seu instrumento;

VII – apresentação de pedido de recuperação judicial no prazo da contestação, observados os requisitos do art. 51 desta Lei;

VIII – cessação das atividades empresariais mais de 2 (dois) anos antes do pedido de falência, comprovada por documento hábil do Registro Público de Empresas, o qual não prevalecerá contraprova de exercício posterior ao ato registrado.

Protesto

Lembre-se, apenas, que em se tratando de falência o protesto é sempre obrigatório.

Defesa do devedor impontual

Uma vez citado, o devedor empresário poderá, no prazo de 10 (dez) dias:

a) depositar a importância e contestar;
b) depositar a importância e não contestar;
c) não depositar e contestar.

Depósito Elisivo

Depósito elisivo deve ser realizado em dinheiro e deve corresponder a importância do crédito reclamado. Uma vez efetivado a falência não poderá ser decretada. O valor do depósito será o valor total do crédito, acrescido da correção monetária, juros e honorários advocatícios.

Sentença Declaratória

Estando em termos a petição inicial de pedido de falência e uma vez cumpridas as diligências, o juiz proferirá sua sentença, a qual poderá declarar ou não a falência do empresário ou da sociedade empresária.

Para Facilitar o Direito

A sentença declaratória de falência desafia o recurso de agravo por instrumento. Atenção. Ela não desafia apelação. O recurso cabível é o agravo, uma vez que essa decisão não é terminativa. Ao contrário, com a sentença declaratória de falência começa o processo falimentar, conforme art. 100 da LRF:

> **Art. 100. Da decisão que decreta a falência cabe agravo, e da sentença que julga a improcedência do pedido cabe apelação.**

A sentença que decretar a falência (LRF, art. 99):

I – conterá a síntese do pedido, a identificação do falido e os nomes dos que forem a esse tempo seus administradores;
II – fixará o termo legal da falência, sem poder retrotraí-lo por mais de 90 (noventa) dias contados do pedido de falência, do pedido de recuperação judicial ou do 1° (primeiro) protesto por falta de pagamento, excluindo-se, para esta finalidade, os protestos que tenham sido cancelados;
III – ordenará ao falido que apresente, no prazo máximo de 5 (cinco) dias, relação nominal dos credores, indicando endereço, importância, natureza e classificação dos respectivos créditos, se esta já não se encontrar nos autos, sob pena de desobediência;
IV – explicitará o prazo para as habilitações de crédito, observado o disposto no § 1° do art. 70 desta Lei;
V – ordenará a suspensão de todas as ações ou execuções contra o falido, ressalvadas as hipóteses previstas nos §§ 1° e 2° do art. 6° desta Lei;
VI – proibirá a prática de qualquer ato de disposição ou oneração de bens do falido, submetendo-os preliminarmente à autorização judicial e do Comitê, se houver, ressalvados os bens cuja venda faça parte das atividades normais do devedor se autorizada a continuação provisória nos termos do inciso XI do *caput* deste artigo;
VII – determinará as diligências necessárias para salvaguardar os interesses das partes envolvidas, podendo ordenar a prisão

preventiva do falido ou de seus administradores quando requerida com fundamento em provas da prática de crime definido nesta Lei;

VIII – ordenará ao Registro Público de Empresas que proceda à anotação da falência no registro do devedor, para que conste a expressão "Falido", a data da decretação da falência e a inabilitação de que trata o art. 102 desta Lei;

IX – nomeará o administrador judicial, que desempenhará suas funções na forma do inciso III do *caput* do art. 22 desta Lei sem prejuízo do disposto na alínea *a* do inciso II do *caput* do art. 35 desta Lei;

X – determinará a expedição de ofícios aos órgãos e repartições públicas e outras entidades para que informem a existência de bens e direitos do falido;

XI – pronunciar-se-á a respeito da continuação provisória das atividades do falido com o administrador judicial ou da lacração dos estabelecimentos, observado o disposto no art. 109 desta Lei;

XII – determinará, quando entender conveniente, a convocação da assembleia-geral de credores para a constituição de Comitê de Credores, podendo ainda autorizar a manutenção do Comitê eventualmente em funcionamento na recuperação judicial quando da decretação da falência;

XIII – ordenará a intimação do Ministério Público e a comunicação por carta às Fazendas Públicas Federal e de todos os Estados e Municípios em que o devedor tiver estabelecimento, para que tomem conhecimento da falência.

Sentença Denegatória

Neste caso, a ação falimentar foi julgada improcedente. O recurso cabível será o de apelação, conforme art. 100 da LRF:

> *Art. 100. Da decisão que decreta a falência cabe agravo, e da sentença que julga a improcedência do pedido cabe apelação.*

Responsabilidade do Requerente

O credor que requerer a falência do outro empresário com dolo será condenado na sentença denegatória de falência a indenizá-lo, apurando-se as perdas e danos em liquidação de sentença. Caso haja mais de um autor do pedido de falência serão eles solidários.

> *Art. 101. Quem por dolo requerer a falência de outrem será condenado, na sentença que julgar improcedente o pedido, a indenizar o devedor, apurando-se as perdas e danos em liquidação de sentença.*
>
> *§ 1º Havendo mais de 1 (um) autor do pedido de falência, serão solidariamente responsáveis aqueles que se conduziram na forma prevista no caput deste artigo.*
>
> *§ 2º Por ação própria, o terceiro prejudicado também pode reclamar indenização dos responsáveis.*

Termo Legal de Falência

Segundo Rubens Requião o termo legal de falência é um lapso anterior a falência onde o juiz investigará os atos praticados pelo falido. O termo legal será fixado na sentença declaratória de falência, podendo retroagir por até 90 (noventa) dias, contados:

a) do pedido de falência;
b) do pedido de recuperação;
c) do primeiro protesto por falta de pagamento.

Lacração do Estabelecimento

O estabelecimento será lacrado sempre que houver risco para a execução da etapa de arrecadação ou para a preservação dos bens da massa falida ou dos interesses dos credores, conforme art. 109 da LRF.

Direito Comercial

Revogação dos atos praticados pelo falido

A lei atual adotou o mesmo critério da lei antiga, ou seja, os atos do falido poderão ser ineficazes ou revogáveis. São ineficazes (art. 129):

I – o pagamento de dívidas não vencidas realizado pelo devedor dentro do termo legal, por qualquer meio extintivo do direito de crédito, ainda que pelo desconto do próprio título;

II – o pagamento de dívidas vencidas e exigíveis realizado dentro do termo legal, por qualquer forma que não seja a prevista pelo contrato;

III – a constituição de direito real de garantia, inclusive a retenção, dentro do termo legal, tratando-se de dívida contraída anteriormente; se os bens dados em hipoteca forem objeto de outras posteriores, a massa falida receberá a parte que devia caber ao credor da hipoteca revogada;

IV – a prática de atos a título gratuito, desde 2 (dois) anos antes da decretação da falência;

V – a renúncia à herança ou a legado, até 2 (dois) anos antes da decretação da falência;

VI – a venda ou transferência de estabelecimento feita sem o consentimento expresso ou o pagamento de todos os credores, a esse tempo existentes, não tendo restado ao devedor bens suficientes para solver o seu passivo, salvo se, no prazo de 30 (trinta) dias, não houver oposição dos credores, após serem devidamente notificados, judicialmente ou pelo oficial do registro de títulos e documentos;

VII – os registros de direitos reais e de transferência de propriedade entre vivos, por título oneroso ou gratuito, ou a averbação relativa a imóveis realizados após a decretação da falência, salvo se tiver havido prenotação anterior.

São, por outro lado, revogáveis os atos praticados pelo falido com a intenção de fraudar credores, conforme art. 130 da LRF:

Art. 130. São revogáveis os atos praticados com a intenção de prejudicar credores, provando-se o conluio fraudulento entre o devedor e o terceiro que com ele contratar e o efetivo prejuízo sofrido pela massa falida.

Ação Revocatória

Ação revocatória é a medida judicial correta para reaver bens transferidos a terceiros. Ela pode ser proposta pelo administrador judicial, por qualquer credor ou pelo representante do Ministério Público, no prazo de 3 (três) anos, contados da decretação da falência, conforme art. 132 da LRF.

A ação revocatória poderá ser promovida (LRF, art. 133):

I – contra todos os que figuraram no ato ou que por efeito dele foram pagos, garantidos ou beneficiados;

II – contra os terceiros adquirentes, se tiveram conhecimento, ao se criar o direito, da intenção do devedor de prejudicar os credores;

III – contra os herdeiros ou legatários das pessoas indicadas nos incisos I e II do *caput* deste artigo.

Restituição ou Embargos de Terceiros

Quando um empresário tem a falência decretada, o administrador judicial irá arrecadar o patrimônio social para formar a massa falida. Tudo que estiver na posse do devedor será arrecadado. Assim, quem teve o seu bem arrecadado indevidamente poderá valer-se do pedido de restituição de bens ou de embargos de terceiros para reavê-lo, conforme art. 85 da LRF.

Os embargos de terceiro, por sua vez, não possuem previsão legal na LRF, mas tem cabimento em razão do Código de Processo Civil. Dessa forma, quando a arrecadação do administrador judicial violar a posse de alguém, poderá esta pessoa opor seus embargos de terceiros para fazer cessar o constrangimento.

Verificação dos Créditos

A verificação dos créditos será realizada pelo administrador judicial com base na documentação do falido e com base na

Direito Comercial

documentação dos credores. Passada a fase de impugnação, os credores habilitados serão incluídos no quadro geral de credores.

Quadro Geral de Credores

De acordo com o art. 83 da LRF tem-se o seguinte quadro geral de credores:

I – os créditos derivados da legislação do trabalho, limitados a 150 (cento e cinquenta) salários mínimos por credor, e os decorrentes de acidentes de trabalho;

II – créditos com garantia real até o limite do valor do bem gravado;

III – créditos tributários, independentemente da sua natureza e tempo de constituição, excetuadas as multas tributárias;

IV – créditos com privilégio especial, a saber:

a) os previstos no art. 964 da Lei 10.406, de 10 de janeiro de 2002;

b) os assim definidos em outras leis civis e comerciais, salvo disposição contrária desta Lei;

c) aqueles a cujos titulares a lei confira o direito de retenção sobre a coisa dada em garantia;

V – créditos com privilégio geral, a saber:

a) os previstos no art. 965 da Lei no 10.406, de 10 de janeiro de 2002;

b) os previstos no parágrafo único do art. 67 desta Lei;

c) os assim definidos em outras leis civis e comerciais, salvo disposição contrária desta Lei;

VI – créditos quirografários, a saber:

a) aqueles não previstos nos demais incisos deste artigo;

b) os saldos dos créditos não cobertos pelo produto da alienação dos bens vinculados ao seu pagamento;

c) os saldos dos créditos derivados da legislação do trabalho que excederem o limite estabelecido no inciso I do *caput* deste artigo;

VII – as multas contratuais e as penas pecuniárias por infração das leis penais ou administrativas, inclusive as multas tributárias;

VIII – créditos subordinados, a saber:
a) os assim previstos em lei ou em contrato;
b) os créditos dos sócios e dos administradores sem vínculo empregatício.

LIQUIDAÇÃO

Na fase de liquidação ocorrerá a realização do ativo para pagamento do passivo. A venda dos bens pode se dar de forma ordinária, extraordinária ou sumária. Veja os referidos artigos:

> *Art. 140. A alienação dos bens será realizada de uma das seguintes formas, observada a seguinte ordem de preferência:*
> *I – alienação da empresa, com a venda de seus estabelecimentos em bloco;*
> *II – alienação da empresa, com a venda de suas filiais ou unidades produtivas isoladamente;*
> *III – alienação em bloco dos bens que integram cada um dos estabelecimentos do devedor;*
> *IV – alienação dos bens individualmente considerados.*
>
> *§ 1º Se convier à realização do ativo, ou em razão de oportunidade, podem ser adotadas mais de uma forma de alienação.*
>
> *§ 2º A realização do ativo terá início independentemente da formação do quadro geral de credores.*
>
> *§ 3º A alienação da empresa terá por objeto o conjunto de determinados bens necessários à operação rentável da unidade de produção, que poderá compreender a transferência de contratos específicos.*
>
> *§ 4º Nas transmissões de bens alienados na forma deste artigo que dependam de registro público, a este*

servirá como título aquisitivo suficiente o mandado judicial respectivo.

Art. 142. O juiz, ouvido o administrador judicial e atendendo à orientação do Comitê, se houver, ordenará que se proceda à alienação do ativo em uma das seguintes modalidades:
I – leilão, por lances orais;
II – propostas fechadas;
III – pregão.

Art. 144. Havendo motivos justificados, o juiz poderá autorizar, mediante requerimento fundamentado do administrador judicial ou do Comitê, modalidades de alienação judicial diversas das previstas no art. 142 desta Lei.

Art. 145. O juiz homologará qualquer outra modalidade de realização do ativo, desde que aprovada pela assembleia geral de credores, inclusive com a constituição de sociedade de credores ou dos empregados do próprio devedor, com a participação, se necessária, dos atuais sócios ou de terceiros.

Art. 111. O juiz poderá autorizar os credores, de forma individual ou coletiva, em razão dos custos e no interesse da massa falida, a adquirir ou adjudicar, de imediato, os bens arrecadados, pelo valor da avaliação, atendida a regra de classificação e preferência entre eles, ouvido o Comitê.

PAGAMENTO NA FALÊNCIA

Feitas as restituições, pagos os credores extraconcursais e consolidado o Quadro Geral de Credores, as importâncias recebidas com a realização do ativo serão utilizadas para pagamento dos credores.

Encerramento da falência

O administrador judicial deverá apresentar todos os seus relatórios. Apresentado o último relatório, detalhando o pagamento dos credores e especificando as responsabilidades do falido, o juiz encerrará por sentença a falência. A sentença que encerra o processo falimentar desafia o recurso de apelação, conforme art. 155 da LRF.

Extinção das obrigações do falido

Extinguem as obrigações do falido (LRF, art. 158):

I – o pagamento de todos os créditos;
II – o pagamento, depois de realizado todo o ativo, de mais de 50% (cinquenta por cento) dos créditos quirografários, sendo facultado ao falido o depósito da quantia necessária para atingir essa porcentagem se para tanto não bastou a integral liquidação do ativo;
III – o decurso do prazo de 5 (cinco) anos, contado do encerramento da falência, se o falido não tiver sido condenado por prática de crime previsto nesta Lei;
IV – o decurso do prazo de 10 (dez) anos, contado do encerramento da falência, se o falido tiver sido condenado por prática de crime previsto nesta Lei.

Recuperação extrajudicial

A recuperação extrajudicial é um mero acordo firmado entre os credores. Assim, o empresário em crise está autorizada a reunir-se com seus credores e firmar um acordo. Esse acordo é chamado de recuperação extrajudicial. É isso que diz o art. 161 da LRF:

> *Art. 161. O devedor que preencher os requisitos do art. 48 desta Lei poderá propor e negociar com credores plano de recuperação extrajudicial:*

§ 1º Não se aplica o disposto neste Capítulo a titulares de créditos de natureza tributária, derivados da legislação do trabalho ou decorrentes de acidente de trabalho, assim como àqueles previstos nos arts. 49, § 30, e 86, inciso II do caput*, desta Lei.*

§ 2º O plano não poderá contemplar o pagamento antecipado de dívidas nem tratamento desfavorável aos credores que a ele não estejam sujeitos.

§ 3º O devedor não poderá requerer a homologação de plano extrajudicial, se estiver pendente pedido de recuperação judicial ou se houver obtido recuperação judicial ou homologação de outro plano de recuperação extrajudicial há menos de 2 (dois) anos.

§ 4º O pedido de homologação do plano de recuperação extrajudicial não acarretará suspensão de direitos, ações ou execuções, nem a impossibilidade do pedido de decretação de falência pelos credores não sujeitos ao plano de recuperação extrajudicial.

§ 5º Após a distribuição do pedido de homologação, os credores não poderão desistir da adesão ao plano, salvo com a anuência expressa dos demais signatários.

§ 6º A sentença de homologação do plano de recuperação extrajudicial constituirá título executivo judicial, nos termos do art. 584, inciso III do caput*, da Lei 5.869, de 11 de janeiro de 1973 - Código de Processo Civil.*

REQUISITOS

Para o empresário procurar seus credores e propor um acordo, ele não precisará preencher nenhum requisito legal. Agora, se o empresário quiser homologar seu acordo na justiça deverá preencher todos os requisitos da lei para ter direito a recuperação extrajudicial.

Os requisitos são os mesmos da recuperação judicial, se diferenciando apenas no que tange ao quorum de aprovação dos credores que será de 3/5 dos créditos.

CREDORES PRESERVADOS NA RECUPERAÇÃO EXTRAJUDICIAL

a) Trabalhistas;
b) Tributários
c) Proprietário fiduciário;
d) Arrendador mercantil;
e) Contrato de compra e venda em caráter irrevogável e irretratável;
f) Reserva de domínio;
g) Adiantamento de câmbio ao exportador.

BIBLIOGRAFIA

Almeida, Amador Paes. *Curso de Falência e Concordata.* 16ª ed. São Paulo: Saraiva, 1998.

_____*Curso de Falência e Recuperação de Empresa.* 21ª ed. São Paulo: Saraiva, 2005.

Amaro, Luciano. *Direito Tributário Brasileiro.* 11 ed. São Paulo: Saraiva, 2005.

Baleeiro, Aliomar. *Direito Tributário Brasileiro.* 11ª ed. Rio de Janeiro: Forense, 2005.

Bulgarrelli, Waldirio. *Títulos de Crédito.* 17 ed. São Paulo: Atlas, 2001.

Código Comercial. 5ª ed. São Paulo: RT, 2000.

Código de Processo Civil. 2ª ed. São Paulo: RT, 2000.

Código Tributário Nacional. 30ª ed. São Paulo: Saraiva, 2001.

Coelho, Fábio Ulhoa, *Código Comercial e Legislação Complementar Anotados.* 6ª ed. São Paulo: Saraiva, 2003.

_____ *Curso de Direito Comercial.* 6ª ed. São Paulo: Saraiva, 2003.

_____ *Manual de Direito Comercial.* 14 ed. São Paulo: Saraiva, 2003.

Diniz, Maria Helena. *Código Civil Anotado.* 8ª ed. São Paulo: Saraiva, 2002.

_____ *Lei de Locações de Imóveis Urbanos Comentada.* 4ª ed. São Paulo: Saraiva, 1997.

Fazzio, Jr. Waldo. *Nova Lei de Falência e Recuperação de Empresas*. São Paulo: Atlas, 2005.

Fiuza, Ricardo. *Novo Código Civil Comentado*. São Paulo: Saraiva, 2003.

Mamede, Gladston. *Direito Societário: Sociedade Simples e Empresárias*. São Paulo: Atlas, 2004.

Martins, Fran. *Contratos e Obrigações Comerciais*. 15 ed. Rio de Janeiro: Forense, 2002.

_____ *Curso de Direito Comercial*. 28 ed. Rio de Janeiro: Forense, 2002.

_____ *Títulos de crédito*. 11ª ed. Rio de Janeiro: Forense, 2001.

Mendonça, J. X. Carvalho. *Tratado de Direito Comercial Brasileiro*. 7ª ed. Rio de Janeiro: Freitas Bastos, 1963.

Negrão, Ricardo. *Manual de Direito Comercial e de Empresa*. 3 ed. São Paulo: Saraiva, 2003.

Ney Jr. Nelson. *Código de Processo Civil Comentado*. 4.ed. São Paulo: RT, 1999.

Requião, Rubens. *Curso de Direito Comercial*. 25ª ed. São Paulo: Saraiva, 2003.